FLOR SEM DEFESA

Dados Internacionais de Catalogação na Publicação (CIP)
(Câmara Brasileira do Livro, SP, Brasil)

Mesters, Carlos
     Flor sem defesa : reflexões sobre a leitura popular da Bíblia / Carlos Mesters. – 6. ed. ampl. e atual. – Petrópolis, RJ : Vozes, 2020.

     Bibliografia.
     ISBN 978-85-326-6388-7
     1. Bíblia – Crítica e interpretação I. Título.

19-31754   CDD-220.61

Índices para catálogo sistemático:
1. Bíblia : Crítica e interpretação   220.61

Cibele Maria Dias – Bibliotecária – CRB-8/9427

Carlos Mesters

FLOR SEM DEFESA

Reflexões sobre a leitura popular da Bíblia

EDITORA VOZES

Petrópolis

© 1983, 2020, Editora Vozes Ltda.
Rua Frei Luís, 100
25689-900 Petrópolis, RJ
www.vozes.com.br
Brasil

Todos os direitos reservados. Nenhuma parte desta obra poderá ser reproduzida ou transmitida por qualquer forma e/ou quaisquer meios (eletrônico ou mecânico, incluindo fotocópia e gravação) ou arquivada em qualquer sistema ou banco de dados sem permissão escrita da editora.

CONSELHO EDITORIAL

Diretor
Gilberto Gonçalves Garcia

Editores
Aline dos Santos Carneiro
Edrian Josué Pasini
Marilac Loraine Oleniki
Welder Lancieri Marchini

Conselheiros
Francisco Morás
Ludovico Garmus
Teobaldo Heidemann
Volney J. Berkenbrock

Secretário executivo
João Batista Kreuch

Editoração: Leonardo A.R.T. dos Santos
Diagramação: Sheilandre Desenv. Gráfico
Revisão gráfica: Andréa Drummond
Capa: Felipe Souza | Aspectos

ISBN 978-85-326-6388-7

Editado conforme o novo acordo ortográfico.

Este livro foi composto e impresso pela Editora Vozes Ltda.

Sumário

Apresentando a nova edição, 7

Introdução, 9

1 A parábola da flor sem defesa, 11

2 Flor sem defesa – Reflexões sobre a leitura popular da Bíblia, 13

3 Como se faz teologia bíblica no Brasil, 102

4 O que devo saber para poder ler a Bíblia com proveito, 118

5 Desafios e luzes da leitura popular da Bíblia – Uma antiga visão renasce e faz da Bíblia um livro novo e atual, 142

6 Dez características da leitura fiel da Bíblia, 169

7 Dez conselhos finais, 179

Epílogo – Prece de um peregrino, 185

Apresentando a nova edição

Diante da vida
Do povo sofrido
A gente não fala
Só sabe calar.

Esquece as ideias
Do povo sabido
E fica humilde
Começa a pensar.

Comecei a pensar sobre o jeito do povo ler a Bíblia, e o resultado foi o livro *Flor sem defesa – Uma explicação da Bíblia a partir do povo* (Vozes, 1983). Faz mais de 35 anos. Eram reflexões em torno da maneira como o povo estava começando a usar e a interpretar a Bíblia nas Comunidades Eclesiais de Base. Algumas daquelas reflexões eram até do começo dos anos de 1970, quase 50 anos atrás. Os anos difíceis da ditadura militar.

Muitas coisas aconteceram, desde o ano da sua primeira publicação em 1983 até hoje. A pedido da editora e em conversa com amigos, nesta nova edição, introduzi várias mudanças. Omiti dois capítulos "Interpretação da Bíblia em algumas comunidades de base no Brasil" e a "A brisa leve, uma nova leitura da Bíblia". Pois o assunto desses dois capítulos já existe diluído nos outros capítulos. Omiti também uma parte do epílogo. Acrescentei três novos capítulos: (1) "Desafios e luzes da leitura popular da Bíblia", (2) "A leitura fiel da Bíblia" e (3) "Dez conselhos finais". Reli os demais capítulos e mantive-os com algumas pequenas mudanças. Modifiquei a ordem em que eles se encontravam. Ao se tratar sempre do mesmo assunto "Reflexões sobre a leitura popular da Bíblia", é inevitável que, aqui e acolá, ocorram algumas repetições. Devo uma gratidão especial a Francisco Orofino pelo trabalho em conjunto durante os últimos 30 anos.

Introdução

Faço minhas as palavras do sertanejo de Minas no livro *Grande sertão: veredas*, de João Guimarães Rosa: "Sou só um sertanejo, nessas altas ideias navego mal, sou muito pobre coitado... Eu quase que nada não sei. Mas desconfio de muita coisa. O senhor concedendo, eu digo: para pensar longe, sou cão mestre – o senhor solte em minha frente uma ideia ligeira, e eu rastreio essa pelo fundo de todos os matos, amém!"[1].

Senti o perfume de uma ideia ligeira que o povo soltou em minha frente, e fui atrás. Como cão mestre, tentei rastreá-la, até atingir, se fosse possível, a casa onde mora a flor que soltou esse perfume. Foi essa ideia ligeira que me guiou nos caminhos desta pesquisa, anos a fio, através do Brasil e da Bíblia. Iniciei a caminhada bem abastecido. Não faltavam ideias, cursos e diplomas, leituras e conselhos recebidos. Tudo isso muito me ajudou. Mas, na medida em que eu ia rastreando o perfume da ideia ligeira pelo fundo dos matos do sertão e da Bíblia, fui me sentindo, como o sertanejo do *Grande sertão: veredas*, cada vez mais pobre, muito pobre, "muito pobre coitado". E quando cheguei no lugar onde mora a flor, tive que dizer a mim mesmo: "Eu quase que nada não sei", e comecei a "desconfiar de muita coisa" que sempre me ensinaram.

---

1 GUIMARÃES ROSA, J. *Grande sertão: veredas*. 8. ed. Rio de Janeiro: José Olympio, 1972, p 14-15.

Comecei a ver o outro lado das minhas ideias, o lado daqueles que as ouvem. Tentei expressar o que descobri, mas não fui capaz. Agora, no fim deste livro, a única coisa que consigo é contar a história da flor que soltou o perfume da ideia ligeira em minha frente. História simples, que dá o que pensar. Foi escrita lá mesmo, na casa onde mora essa flor, nascida da semente da Palavra de Deus. Estando por lá, ouvi ainda uma frase do Evangelho, como se fosse pronunciada pela primeira vez: "Pai, eu te agradeço, porque escondeste estas coisas aos sábios e entendidos e as revelaste aos pequeninos. Sim, Pai, pois assim foi do teu agrado" (Mt 11,25-26).

Até hoje, século XXI, esses pequeninos de Jesus continuam bem vivos e muito atentos à voz de Deus que lhes fala, sem parar, pelos fatos da vida. Assim, numa favela no Rio de Janeiro, o filho pequeno de Dona Isabel ficou doente. Isabel foi ao posto de saúde, onde receitaram um remédio. Ela foi à farmácia para comprar o remédio. Custava 64 reais. Ela não tinha esse dinheiro. Voltou para casa. Na tarde daquele mesmo dia, uma senhora passou na casa dela. Conversaram muito. Isabel não falou do menino doente, nem do remédio. Indo embora, aquela senhora tinha deixado um pequeno embrulho na mesa. Isabel abriu o embrulho. Lá dentro estavam 64 reais! Ela disse: *"Foi Deus! Não foi?"*

Foi o que Abraão deve ter dito para Sara: *"Sara, foi Deus! Não foi?"* Assim começou a longa história do Povo de Deus registrada na Bíblia, que continua até hoje. **"Foi Deus! Não foi?"** E todos responderam: **"Foi Ele, Sim! Graças a Deus! Foi Ele!"**

1
A parábola da flor sem defesa

I

Nasceu uma flor no fundo do mato. Diferente das flores que todos conhecem. Um vento estranho levou a semente dessa flor diferente na mão do semeador. Todos queriam saber de que flor se tratava, para poder ajudá-la no seu crescimento. Convidaram a flor para mostrar suas cores e espalhar seu perfume no meio de uma roda de gente amiga que tinha lançado a semente da flor.

A flor que é simples não soube negar o convite. Veio mostrar-se, e espalhou seu perfume. Pediram a ela que dissesse o seu nome. Mas a flor que é simples não soube dizê-lo. Só soube dizer: "Sou Flor!", mostrando a todos um sorriso desarmado.

Olharam de perto, fizeram perguntas, mas não descobriram de que flor se tratava. E disseram: "És flor! Volta para o mato e cresce por lá. Espalha teu perfume pelo sertão afora, até que se limpe o ar da cidade e se alivie a dor do povo abafado!"

A flor que é simples não ficou zangada. Voltou para o sertão e cresce por lá. Os que convidaram a flor, os amigos, ficaram preocupados: "É uma flor muito fraca! Não tem defesa. Só sabe dizer que é flor! Como pode crescer no chão duro do sertão? É preciso fazer alguma coisa por ela. Vamos pensar!"

II

Saindo da roda, a flor voltou para o sertão. Os amigos voltaram para casa. Mas uma gota de seiva ficou na mão de todos que tocaram na flor. Era noite. Não dava para ver a mancha. Só dava para senti-la pegajosa.

Um deles aproximou-se da luz, para ver o que era. Foi aí que descobriu o segredo da flor. A gota de seiva era de sangue. Sangue de séculos que germinou em flor!

Quis, então, gritar aos amigos: "Já não precisam preocupar-se com a flor! Preocupem-se consigo mesmos! Deixem crescê-la! Ninguém consegue cortá-la! Ela cresce tranquila e serena, mesmo sangrando, mesmo cortada! Seu sangue é o seu adubo! Já não importa saber de que tipo de flor se trata. Importa saber se ela nasceu do *sangue!* Importa saber se a sua semente foi levada pelo *vento estranho* na mão do semeador!"

Mas ele não gritou, pois pensou: "A mancha está na mão de todos. Eles vão descobri-la, quando a luz da aurora chegar".

III

Noite ainda, saiu de casa. Foi para o sertão, e andou por lá, até que saísse uma gota de sangue de seus pés cansados. Aí, ele parou e descansou tranquilo, esperando a aurora chegar. E disse ao sangue que corria de seus pés: "Alimenta a flor que nasceu no fundo do mato! Diferente das flores que todos conhecem".

Descansando da dor, à espera da luz, ouviu uma música nova que dizia:

> Flor, que transforma o sangue em adubo!
> És mais forte do que a mão que te corta!
> Mais duradoura do que a ideia que te define.
> Mais nítida do que a pintura que retrata o teu rosto!
> Já cresce no mundo o medo de ti:
> Flor sem defesa!

2
Flor sem defesa

Reflexões sobre a leitura popular da Bíblia

(1976)

1 O problema que vamos discutir
2 Os relatórios que servem de base para estas reflexões
3 Onde, quando e como o povo usa a Bíblia
4 Características e valores da leitura que o povo faz da Bíblia
5 Dificuldades sentidas pelo povo no uso da Bíblia
6 O método que o povo usa para ler e interpretar a Bíblia
7 Comparando o método do povo com o método da exegese
8 O problema central da interpretação da Bíblia
9 Repercussão da interpretação popular da Bíblia

1 O problema que vamos discutir

"Irmã, eu não falo, porque não entendo nada dessas coisas. Eu só fico escutando para aprender!" Assim falou Dona Getulina, quando a Irmã Vicentina perguntou se ela poderia dar uma opinião sobre o trecho da Bíblia, lido na reunião. Uma outra senhora, Dona Florência, não deu tempo à irmã de responder e interveio: "Dona Getulina, a senhora não deve dizer que não sabe nada. A senhora tem o Espírito Santo. Ele fala para a senhora, e a senhora transmite a mensagem dele para nós!"

Getulina e Florentina vivem num bairro pobre de uma cidade no interior de Minas Gerais. Não têm estudo nem diploma. Quando interrogadas sobre a profissão que exercem, respondem: "Mãe de família". Mulheres do povo. Quando esse povo pega a Bíblia na mão, dá-se um fenômeno estranho, quase incontrolável: ou ele renasce e começa a ficar livre frente ao saber e ao poder do outro, ou ele fica preso e se torna dependente frente a esse mesmo saber e poder.

Onde o povo renasce, a gente percebe a verdade da frase de São Paulo: "Onde existe o Espírito do Senhor, aí existe liberdade", mas onde o povo fica preso nas letras da Bíblia, a gente tira a outra conclusão de Paulo: "Eles têm um véu sobre os olhos" e, por isso, a Bíblia não libera a sua mensagem e eles não percebem o destino da sua vida e da sua história (cf. 2Cor 3,15-17).

A Bíblia, ou ajuda ou atrapalha; ou liberta ou oprime. Não é neutra. É como faca de dois gumes: corta sempre, para o bem ou para o mal. Ela exerce uma forma de julgamento, "penetra até à divisão da alma e do espírito, revela as articulações dos pensamentos e desejos mais íntimos" (cf. Hb 4,12). A sua leitura revela a qualidade de luz que existe dentro de nós!

Como a Bíblia está contribuindo, de fato, para a libertação do povo? Esta é a pergunta que foi nascendo em mim, durante a leitura dos 18 relatórios que recebi. Trata-se dos relatórios em preparação para o II Encontro Intereclesial de Comunidades Eclesiais de Base, realizado em Vitória, ES, em 1976, que contou com a presença de mais de 100 participantes, membros das Comunidades Eclesiais de Base, entre leigos e leigas, religiosas, sacerdotes e alguns bispos. O tema do encontro era: "CEBs: Igreja, povo que caminha". No que segue, quando cito os relatórios, coloco o nome do lugar de origem entre parênteses. Lendo esses relatórios, a resposta que fui encontrando é que, para poder entender a Bíblia, não basta só o texto da Bíblia ou o estudo do texto. Pois o texto é o mesmo para todos. O que não é o mesmo é o resultado.

Pude perceber o seguinte: onde a leitura e a explicação do *texto* da Bíblia são feitas dentro de uma *comunidade* (*con-texto*) e a partir dos problemas da *realidade* (*pré-texto*), lá nasce uma flor. Flor pequena, sem defesa, que questiona tudo aquilo que, até hoje, conseguimos saber sobre as flores. Foi dessa experiência bem concreta de muitos anos que nasceu a parábola da *Flor sem defesa*.

Esta flor fraca e estranha não cabe nos critérios da nossa lógica e pede uma reformulação desses critérios. Sem dizer uma só palavra, ela faz um apelo à lógica: *"Reconheça que eu sou uma flor diferente! Mude o seu modo de pensar sobre as flores e venha ajudar-me, para que eu possa crescer e desabrochar plenamente. Só assim, você poderá alegrar-se com a beleza das minhas cores e com o aroma do meu perfume!"*

2 Os relatórios que servem de base para estas reflexões

Os relatórios foram preparados a partir de um questionário com treze séries de perguntas sobre cinco assuntos diferentes. Havia um total de 38 perguntas. Percebi que, entre as 38 perguntas, não havia pergunta específica *alguma* sobre o uso da Bíblia. Achei isso muito bom. Pois, se o uso da Bíblia está contribuindo de fato para a libertação do povo, isso aparecerá inevitavelmente nas outras respostas. E apareceu! Da Bíblia se fala em todos os relatórios, menos um. Em alguns mais, em outros menos.

Visto que se trata não tanto de interpretar o escrito dos relatórios, mas sim de aprofundar e de iluminar a realidade por eles relatada, tomei a liberdade de rechear estas reflexões sobre a leitura popular da Bíblia com fatos vividos por mim ou recebidos por informação de outras pessoas, que completam, concretizam ou relativizam as coisas.

Em se tratar de uma "Igreja que nasce do povo", só existem dois peritos: o Espírito Santo e o próprio povo, que sempre trabalham em estreita colaboração e que se comunicam entre si por meios que nós desconhecemos. O papel dos outros *peritos* é fazer o que se sugere num dos relatórios: "*trocar ideias entre nós para descobrir a ideia do Espírito Santo no povo*" (Itabira). Os "peritos" estão sendo convidados a se fazerem alunos da prática atual da Igreja, onde se verifica a verdade daquela frase de Jesus: "Pai, eu te agradeço, porque escondeste estas coisas aos sábios e entendidos e as revelaste aos pequenos. Sim, Pai, é assim que tu amas proceder" (Mt 11,25-26).

É isso que vou tentar fazer: refletir sobre a prática em andamento e ver como a Bíblia está sendo usada de fato pelo povo; como está contribuindo para a formação das comunidades; como está inserida na pedagogia libertadora; como está dando consciência ao povo; verificar se esse uso popular está de acordo com aquilo que a fé nos ensina sobre o uso da Bíblia na Igreja; tentar descobrir qual a teoria que emerge dessa prática e, a partir dela, se articula; investigar se os representantes da ciência (exegetas) e da fé (pastores) estão cumprindo a sua missão; ver, finalmente, como essa nova teoria que emerge da prática do povo pode orientar melhor, tanto os trabalhos dos intérpretes, padres e agentes de pastoral junto ao povo, como a atitude do próprio povo frente à Bíblia, para que possa atingir melhor o seu objetivo: "fazer com que todos tenham vida, e a tenham em abundância" (cf. Jo 10,10).

De acordo com a formação que eu tinha recebido no seminário, o uso da Bíblia na Igreja tem a ver com a transmissão de conhecimentos a respeito do sentido que o texto da Bíblia tem em si. Mas durante a leitura dos relatórios me dei conta de que essa maneira de encarar a interpretação da Palavra de Deus é correta, mas é incompleta. Pois, quando alguém, só com essa visão na cabeça, começa a empurrar o carro da ação pastoral, ele corre o risco de entrar por caminhos errados ou, talvez, nem saia do lugar.

Fui me dando conta de que o *conhecimento* só do sentido do texto é apenas *uma* roda no carro da interpretação. Se as outras rodas não funcionam bem, por melhor que seja a roda do *conhecimento* do sentido do texto, o carro não sai do lugar e fica rodando sobre o seu próprio eixo.

Fui descobrindo que o povo está começando a acionar as outras rodas e o carro já entrou em movimento, lento por ora, mas já está saindo do lugar! É isso que vou tentar mostrar nesta reflexão sobre o uso e a leitura que o povo faz da Bíblia.

3 Onde, quando e como o povo usa a Bíblia

1 Grupos de reflexão

2 Círculos bíblicos

3 Celebração da Palavra

4 Cursos, treinamentos, encontros

5 Missas

6 Teatro, arte e música

7 Expressões da religiosidade popular

8 Leitura pessoal

Concluindo

1 Grupos de reflexão

A multiplicação de grupos em que o povo começa a "ler o Evangelho na vida" é o fenômeno mais marcante da atual renovação da Igreja. Todos os relatórios falam disso. É difícil fazer um levantamento exato de tudo que se passa nesse setor. O conjunto pode ser caracterizado por meio desta frase de um homem do povo: "*Hoje, depois que começamos a aprender a ler a Bíblia, a gente encontra nela as coisas da vida*" (Itacibá).

Para esses grupos de reflexão não há modelo fixo. Há apenas um esquema básico comum muito simples: um fato ou uma situação da vida, confrontada com uma leitura da Bíblia, junto com algumas perguntas de orientação para a reflexão em comum. Em torno desse esquema básico, misturado com orações, cantos e celebrações, aparecem variações de todo tipo, umas mais complicadas e sofisticadas, outras mais simples; umas mais profundas, outras mais superficiais.

Às vezes, o fato da vida é previamente escolhido por uma equipe e proposto aos participantes da reunião. Outras vezes, o fato da vida é tirado diretamente da vivência dos que compõem o grupo: cada um vai dizendo qual o fato mais marcante da sua vida, vivido durante aquela semana. Quanto ao texto bíblico, este, às vezes, é previamente determinado por uma equipe, outras vezes, é escolhido na hora, de acordo com os fatos apresentados pelo grupo. Esta segunda alternativa já exige uma familiaridade bem grande com a Bíblia (Acre).

Às vezes, a reunião se faz de 15 em 15 dias, outras vezes, uma vez por semana. Em algum lugar não há prazo fixo. A reunião se faz quando aparece um problema. Assim, alguns já chegaram a reunir-se duas ou três vezes por semana (Poranga).

Os grupos surgem por motivos bem variados: novena de Natal em casa, Campanha da Fraternidade, preparação da Semana Santa, enchentes que exigem uma ação em comum, problemas que aparecem, ou também a lenta descoberta: "O trabalho começou com as professoras, os rezadores de terço, catequistas, incentivados pelo padre, de que só rezar não resolvia os problemas do povo. Veio então a ideia de ler o Evangelho na vida" (Mogeiro).

O conjunto é semelhante a uma longa estrada. Do começo ao fim, ao longo dela, tem gente andando, todos indo mais ou menos na mesma direção, alguns, porém, em desvios e becos sem saída, outros ajudando-os a não se perderem; uns já bem perto do fim, outros apenas no começo. Os meios de locomoção, usados para chegar ao fim da estrada, recebem nomes variados; "grupos de reflexão", "círculos bíblicos", "círculos familiares", "celebrações domésticas", "grupos bíblicos", "reuniões de grupo", "encontros bíblicos", "movimentos", ou simplesmente "reuniões". Pouco importa o rótulo. O importante é que todos pretendem mais ou menos a mesma coisa: "ler o Evangelho na vida" (Mogeiro) ou "trocar ideias entre nós para descobrir a ideia do Espírito Santo no povo" (Itabira).

Para se ter uma ideia bem concreta do que se passa nesses grupos, segue aqui o depoimento de uma senhora, colhido de uma conversa informal: "Há muita gente que vive cheia de tradição, amarrada. A gente mesmo era assim, antes. Mas agora, com essas reuniões de Bíblia e de comunidade, a gente vai percebendo que é gente. Muitos não percebem. Há tanta injustiça, e mais medo ainda, até na comunidade. O que atrapalha mesmo é o medo. Um só não dá conta e fica com medo. Essas reuniões são boas, porque ajudam a gente a descobrir que foi feita para ser livre. Por isso eu gosto, sempre gostei, das coisas da Igreja. Rezo muito, se rezo! Sempre que posso. Outro dia, entrou na reunião o Zé Maria, homem de muita boa vontade, mas muito agarrado à Bíblia; demais! Ele discutia muito e vinha sempre com capítulo e versículo por cima da gente. Quase crente. Coisa chata, só vendo! Aí, eu fui devagar com ele. A gente tem que ir devagar e saber esperar". E dizia: "Seu Zé Maria, sua mulher entende você? Suas filhas entendem você quando fala desse jeito?" Ele disse que não entendiam. Aí falei: "Está vendo! O povo tem que entender, Zé Maria, senão de que adianta? Agora, ele já mudou um pouco. Já começa a entender. Está vendo como se faz!"

Na base desse fenômeno da multiplicação de grupos parece estar a vontade de "formar uma Igreja-comunidade, onde o povo possa assumir tarefas e assumir-se a si mesmo, com os valores que vai descobrindo em si" (Itacibá) e o desejo do povo de escapar da massificação e do anonimato que hoje ameaçam a todos de opressão e de alienação, e de encontrar na união de todos a força que possa vencer o poder que oprime e estraga a vida do povo. "Este trabalho está dando maior união aqui e fora. Hoje, a gente vê que dá para fazer algo. Perdi o medo" (São Mateus do Maranhão). Através da criação de pequenos grupos, onde cada um tem voz e vez, o povo começa a descobrir o seu próprio valor: "O bom deste nosso movimento é que nós se sente gente no meio da gente" (Goiás).

2 Círculos bíblicos

Em tempos passados, havia círculos bíblicos, cujo objetivo principal era ajudar o povo a conseguir um conhecimento maior do conteúdo da Bíblia. "Hoje, o objetivo é outro: visa olhar para a sua vida com a orientação e a luz do Evangelho, e na medida do possível encaminhar a todos para uma atividade comunitária" (Jales).

Em vários lugares, o início da renovação é marcado pela multiplicação de círculos bíblicos (Itabira). São suscitados pelo padre ou se multiplicam por si com o objetivo de fazer "com que o povo de ouvinte passe a ser anunciante da Palavra" (Bauru).

Em comunidades já mais progredidas essa forma de reunião bíblica tende a diminuir, para dar lugar a um outro tipo de reunião menos estruturada e menos dirigida. São substituídas por "celebrações domésticas que são menos intelectualizadas e envolvem mais os participantes" (Itacibá).

Essa passagem de reuniões bíblicas mais estruturadas para um tipo de reunião menos estruturada e mais envolvente mostra que os círculos bíblicos não são fim em si mesmo. São andaime, que só é usado enquanto o prédio está em construção. São condução: só leva até um ponto-final intermediário. Quem quiser chegar ao fim da viagem, terá que pegar outra condução. Os círculos bíblicos preparados por outros produzem o seu fruto e mostram que funcionam de fato, quando desencadeiam um processo que os torne desnecessários.

Além disso, convém lembrar que os círculos bíblicos costumam partir da análise de um fato. Ora, na mesma medida em que se progride na análise dos fatos, percebe-se que os fatos são frutos de uma situação geral e que, portanto, não se pode ficar parado dentro da análise só dos fatos.

Quanto mais simples e menos complicada for a estrutura do "círculo bíblico", tanto mais rapidamente ele leva ao ponto-final intermediário, ao ponto crítico de se passar para outra condução. Mas, de qualquer maneira, mesmo que se abandone o sistema mais ou menos rígido dos "círculos bíblicos", permanece sempre, do começo ao fim, a atitude básica: *ler o Evangelho na vida*.

Certa vez, um grupo de cursilhistas resolveu adotar o método dos *círculos bíblicos*, porque o roteiro dos cursilhos não estava agradando a todos. Depois de algumas semanas de uso, o novo método desagradou também. Decidiram voltar ao anterior. Aí perceberam que o método anterior já não cabia mais. Os círculos bíblicos funcionaram, não enquanto tinham aumentado o conhecimento sobre a Bíblia, mas enquanto tinham contribuído para modificar o esquema que estava na cabeça dos cursilhistas. O método dos círculos bíblicos não atua tanto sobre o conteúdo do pensamento, mas muito mais sobre a raiz de onde procede o pensamento.

3 Celebração da Palavra

Em muitos lugares, os padres estão promovendo uma certa descentralização do culto, permitindo criatividade, participação e autonomia maiores por parte do povo nas expressões da sua fé. Surgem em todo canto as assim chamadas *celebrações da Palavra*, onde o povo faz o seu culto, lê e explica a Palavra de Deus, sem a presença do padre. O nome varia: "celebração da Palavra", "oração cultual", "celebração doméstica", "culto dominical" etc. A convicção que inspira a descentralização é esta: "Acreditamos que a Palavra de Deus expressa pelo povo consegue realmente traduzir o Evangelho na vida" (São Félix).

Geralmente, o povo usa roteiros já preparados, nos quais são indicadas as leituras e as orações. Alguns já tomam a liberdade de modificar as leituras: "Quando surge um problema na comunidade, a gente escolhe uma leitura que dá certo para a celebração. Tem dado resultado. Já existe mudança como acabar com os fuxicos, mais amizade" (Poranga). "As celebrações, por exemplo, nós se reúne e prepara partindo dos acontecimentos da cidade, isso é tirado mesmo de nós" (Tacaimbó).

O comentário das leituras, na maioria das vezes, é feito por todo o povo presente. Isso se faz de várias maneiras: reflexão em comum com discussão e troca de ideias; dramatizações e aclamações; comentários meditados, em forma de oração, sem discussão; canto e música etc.

O lugar onde se realizam as celebrações varia de acordo com o costume e as possibilidades: na capela do povoado, quando tem capela; nas casas de família; em algum galpão ou prédio maior; ou mesmo debaixo de uma árvore que fornece sombra. Em geral, parece não haver muita diferença quanto à participação numérica do povo entre missas e celebrações da Palavra sem padre.

Essa maior participação e autonomia relativa do povo no culto foram e ainda são para muitos o começo da renovação e o caminho para se chegar a uma nova consciência de Igreja. "O setor culto é o ponto de partida de toda a atividade comunitária que faz crescer e firmar a união do povo" (Itacibá). "Desta celebração da Palavra, que achamos ser a grande raiz de força, foram nascendo os outros trabalhos" (Poranga).

Nem tudo é positivo. Como ainda veremos, há o perigo de um domínio disfarçado do clero nessas celebrações, quando o presidente do culto imita a figura do padre e monopoliza tudo nas suas mãos, sem dar ao povo presente a oportunidade de falar e dar a sua opinião (Barreirinhas).

4 Cursos, treinamentos, encontros

Em todo canto, onde a Igreja se renova, surgem cursos, treinamentos e encontros. E não há treinamento nem encontro ou curso, em que não se use a Bíblia de uma ou de outra maneira. Basta olhar os esquemas dos mesmos, descritos em alguns relatórios (Acre).

Esses cursos despertaram muitas consciências e fizeram nascer muitas vocações novas e originais. Antônio dos Anjos, 68 anos, seringueiro do Alto Acre, afirma: "O curso de monitores me fez muito bem; eu tinha sempre a intenção de seguir a doutrina de Deus. Dei graças a Deus por aquela vez em outubro de 1973, quando encontrei em Assis Brasil as irmãs e o padre que me convidavam; eu vivia em bastante escuridão, mas agora tenho mais luz, sou protegido por Deus e chamo a todos irmãos". Esse Antônio anda agora a pé, visitando o povo das colocações dos seringais, mais de 100km por mês: "Nessas visitas declaro a Palavra de Deus a todos!" (Acre).

Como no começo da conversão de Antônio, assim no começo de algumas comunidades está um curso que despertou o grupo para a caminhada. Por exemplo, um curso sobre a "história da salvação" contribuiu para dar início à caminhada de uma comunidade da paróquia de Poranga.

Esses cursos, encontros e treinamentos também respondem à necessidade sentida pelo povo de maior aprofundamento e de formação mais sólida (Acre). Em vista disso, organizam-se tardes de formação bíblica sobretudo para os monitores (São Mateus do Maranhão). No entanto, como ainda veremos, a institucionalização de cursos permanentes pode ter o efeito contrário do que se pretende, e manter no povo a consciência de dependência com relação ao saber do outro.

Na medida em que o processo de renovação toma forma e consistência, a forma e a didática dos cursos mudam. "Mais do que cursos, passam a ser reflexão sobre a ação e sobre o trabalho feito com o povo" (Jales).

5 Missas

No culto litúrgico oficial, presidido pelo clero, cresce a participação do povo no que diz respeito ao uso da Bíblia: (1) missas, em que a primeira parte, dita "liturgia da Palavra", é assumida por representantes do povo presente; (2) missas com sermão dialogado, em que o povo participa ativamente nos comentários ao Evangelho; (3) missas, em que a primeira leitura passa a ser a leitura de um fato significativo, ocorrido na comunidade (certa vez, o leitor assim começou: "Leitura dos Atos dos Cristãos de Água Rasa"); (4) missas em que a leitura do Evangelho é substituída por uma encenação teatral dele.

Apesar de toda essa participação crescente do povo no culto oficial, convém lembrar a grande diferença que existe entre "o culto litúrgico oficial, onde o povo é cliente, e as expressões rituais do seu próprio culto, onde ele é o autor" (Goiás). Convém lembrar ainda esta outra afirmação: "Tem mais sabor de libertação a leitura tremida e soletrada feita por um membro da comunidade, do que a polida e culta leitura do padre ou da irmã" (Linhares).

"Na missa há um debate em que todos têm oportunidade de falar e dizer o seu pensamento. Só há poucos anos a gente só ia para assistir a quaresma e semana santa. Agora nós é que preparamos e quando o padre chega a gente já preparou. Reúne-se o grupo e mais outras pessoas e aí se procura ver qual é o caso ou o problema que mais está preocupando o povo e então se procura ver no Evangelho qual a passagem que se refere mais a esse caso ou problema" (Tacaimbó).

Numa comunidade no interior do Ceará, umas 30 pessoas estavam reunidas na pequena capela de barro. Era noite. Festa de Nossa Senhora das Candeias. O texto da Bíblia, lido à luz de uma única lamparina, falava do velho Simeão que reconheceu em Cristo a luz do mundo; luz aparentemente fraca como a luz da lamparina, pois vinha escondida no menino pobre, trazido ao Templo por um casal humilde. Em seguida, seis outras lamparinas ou velas foram acesas e encheram a capelinha de luz, sem que diminuíssem a luz da primeira. Foi feita a pergunta: "Quem de vocês já descobriu a luz escondida de Deus na vida que vive?" João, secretário do sindicato, respondeu: "Eu! Foi anteontem. Uma só vela acendeu seis outras, quando um homem convidou seis outros homens da comunidade para ir ajudar o Zé que luta sozinho contra o patrão. O patrão quer botá-lo para fora do roçado e já mandou arrancar o algodão que o Zé plantou!"

6 Teatro, arte e música

Há várias tentativas de se usar a Bíblia no esforço de valorizar as expressões artísticas:

1) *Teatro* – Alguns relatórios falam em dramatizações sem especificá-las. Uma ou outra vez, se fala em dramatizações bíblicas. Vi e li teatros de Natal, Páscoa e de outros episódios bíblicos. Geralmente, o teatro faz parte dos cursos e treinamentos. Quando usado para fazer o povo entender melhor a Bíblia, o teatro produz ótimos resultados. É mais intuitivo, atinge mais o coração e a vida, provoca envolvimento e promove a criatividade. Há várias maneiras de fazê-lo: apresentação do episódio bíblico em si; apresentação atualizada do episódio bíblico, em que Bíblia e vida aparecem mais unidas; apresentação de um fato da vida de hoje, iluminada, no fim, pela leitura de um texto bíblico.

2) *Música* – Certa vez, vi alguém comentar a Bíblia com música e violão. Durante mais de uma hora, cantou canções da música popular brasileira, intercalando e comentando tudo com frases e fatos da Bíblia. Numa originalidade impressionante, ele percorreu, assim, as histórias do Êxodo e dos profetas e descreveu, cantando, as andanças de Jesus pela Palestina e de Paulo pelas comunidades dos primeiros cristãos. Tudo comentado com a nossa música brasileira. Dessa maneira, as canções já conhecidas, quando ouvidas novamente, são colocadas num novo quadro de referências. Em vários lugares, sobretudo no Nordeste, o texto do Evangelho serve de inspiração para a criação de novos cantos litúrgicos.

3) *Outras formas de arte* – Vi e ouvi repentistas do sertão cantarem a história de Abraão. Existe literatura de cordel "em que se fala de Amós, profeta e camponês como nós". O Evangelho de São Mateus já existe em forma de literatura de cordel. Vários relatórios falam em poesias e cânticos, fruto da criatividade do pessoal. Há uma versão moderna em quadrinhos de uma parábola do Evange-

lho, chamada "O Tira-gosto" (Comunidade de Taizé, Vitória). Está começando aqui e acolá uma tentativa de pintura, escultura e artes plásticas que procuram evocar personagens e episódios bíblicos. Numa diocese há todo um setor da atividade pastoral destinado a cultivar a arte popular: "A arte e o valor do povo constituem um manancial de riqueza onde as 'sementes do Verbo' estão presentes de uma forma privilegiada. A ação evangelizadora deve procurar descobrir e desenvolver esses valores" (Jales).

7 Expressões da religiosidade popular

A Bíblia ocupa um lugar nas tentativas de renovação das expressões tradicionais da religiosidade do povo. Eis alguns exemplos, descritos nos relatórios:

(1) Nas novenas foram introduzidas leituras do Evangelho com reflexão na vida (Mogeiro). (2) Uma comunidade elaborou o plano de "fazer a festa das fogueiras de São João, reunir todas as fronteiras numa só casa de família, celebrar a Palavra de Deus e, depois, brincar" (Poranga). (3) "Procurou-se renovar a tradição da Folia dos Reis, dando-lhe um sentido mais evangélico e comunitário aos textos cantados" (Jales). (4) "No último Natal, que suscitou grande produção em estilo popular, o tema da libertação, dentro de um contexto de análise da realidade, foi a nota marcante das 'folias', dramatizações, poesias, cânticos etc. Valeu por uma vasta e eloquente denúncia" (Goiás).

Também acontece o seguinte. Depois que o povo começa a participar das reuniões e dos "círculos familiares" para "refletir sobre a Bíblia e os problemas da vida, ele passa a gostar e a preferir esses encontros a novenas e práticas tradicionais bonitas" (São Mateus, ES). O povo chega mesmo a resistir, apelando para a autoridade do Evangelho, contra "o esquema sacramentalista em que o monopólio hierárquico ainda predomina nas decisões concretas" (Goiás).

8 Leitura pessoal

Só dois relatórios falam explicitamente da leitura pessoal que o povo faz da Bíblia. Isso se explica, porque não havia pergunta alguma a respeito. Mas o costume de ler a Bíblia em casa, só ou em família, é bem mais frequente. Conheço gente simples de pouca leitura que sabe a Bíblia quase de cor. O boletim *Nós Irmãos* (Acre) estimula a leitura diária da Bíblia, apresentando uma lista de textos, um para cada dia do mês.

A maneira de se fazer a leitura pessoal varia muito. Damos aqui dois depoimentos, colhidos por acaso do meio de uma conversa. Eles deixam entrever algo do que se passa no interior da vida das pessoas:

Altamiro, dono de uma pequena venda no interior de Minas, assim falou: "Tenho tanta fé na Bíblia, na Palavra de Deus, que abro ela de olhos fechados em qualquer página. E digo para o senhor: até agora, sempre encontrei alguma mensagem. Ela nunca falhou. Deus não falha!"

Neusa é faxineira, mãe de 6 filhos. Mora numa favela em Belo Horizonte. Certo dia, ela me perguntou: "O que quer dizer: 'é coisa horrenda cair nas mãos do Deus vivo'? Li essa frase na Bíblia, ontem à noite. Já perguntei a várias pessoas. Não me souberam dizer. Toda noite eu leio um pouco na Bíblia, um ou dois capítulos, conforme". – "Você lê em seguida, ou como faz?", perguntei. – "Não senhor", respondeu. "Leio conforme abro. Às vezes, é o capítulo 5, outras vezes é o capítulo 10 ou 30. Conforme cai. Mas ontem li três capítulos em seguida. Não sei por quê. E estava lá aquela frase. Fiquei até com a cabeça leve. Mas eu li não foi de barriga cheia. Deixei. Diz que a gente que é ignorante não deve ler a Bíblia. Só serve para atrapalhar. Mas eu gosto de ler a Bíblia, à noite, em casa, quando chego do serviço. Eu gosto das coisas de Deus, sabe. Com essas outras bobagens eu não me ocupo. Acho perder tempo".

Raramente, quase só por um acaso, a gente chega a penetrar no que se passa no interior da vida das pessoas. E chegando lá, já tive muitas surpresas, vendo como aí se perpetuam costumes antiquíssimos, mesmo naqueles que mais ativamente participam na renovação. A gente pode até sacudir a cabeça e sorrir diante de certas atitudes do povo "ignorante". Pode até rotulá-las de "ingênuas". Mas um sorriso não muda a realidade, um rótulo não transforma o conteúdo. E quem de nós tem autoridade para dizer que o conteúdo não presta?

Concluindo

Essas informações todas, distribuídas e catalogadas nestes oito pequenos parágrafos, mostraram *onde, como* e *quando* o povo usa a Bíblia. Deram uma amostra da prática em andamento. Nem tudo é novo. Muita coisa sempre existiu. É que só agora estamos tendo os olhos e o interesse para descobri-lo e analisá-lo. Essa realidade existe independentemente do fato de nós sermos a favor ou contra. E para dizer a verdade, ela existe um pouco em cada um de nós. Nela tudo se mistura; o joio e o trigo, as falhas e os valores crescem juntos.

Só quem estudou e tem algum projeto procura fazer a distinção entre valores e falhas. A maior parte do povo não costuma fazer tal distinção. Para ele, tudo parece ter valor, pois a tudo ele alimenta com a seiva da sua vida, da sua fé e do seu bom-senso, tanto ao joio como ao trigo. Resta saber se o critério do "perito" que pretende distinguir entre joio e trigo, entre valores e falhas, é o critério correto. Pois é sabido que o povo do interior costuma alimentar-se muito bem com certas plantas que, para o povo da cidade, não passam de mato e tiririca. Por isso, é perigoso o "perito" querer fazer, sem mais, a limpeza do campo, separando o joio e o trigo, antes do tempo. Jesus mandou esperar até a hora da colheita (Mt 13,30).

Consciente dessa limitação, vou tentar dar uma opinião, a qual sei que é provisória. Os critérios usados serão os seguintes: as afirmações dos próprios relatórios, os frutos que aparecem, pois é pelos frutos que se conhece a árvore, e o estudo que fiz da história do uso da Bíblia na Igreja. Vou tentar fazer três coisas:

• apresentar as características e os valores da leitura que o povo faz da Bíblia (4º parágrafo);

• descrever as dificuldades sentidas pelo povo no uso da Bíblia (5º parágrafo);

• fazer uma breve reflexão em torno do método usado pelo povo (6º parágrafo).

4 Características e valores da leitura que o povo faz da Bíblia

1 Espelho da vida

2 Nosso livro, escrito para nós!

3 Com a luz da fé nos olhos

4 Faz comprometer-se com os oprimidos

5 Liberta e faz a vida ressuscitar

6 Visão antiga que faz da Bíblia um livro novo e atual

1 Espelho da vida

Bíblia e vida estão ligadas na prática do povo. Abrindo a Bíblia, querem encontrar nela as coisas da vida, e na vida querem encontrar as coisas da Bíblia. Espontaneamente, a Bíblia é usada por eles como imagem, símbolo ou espelho daquilo que hoje acontece com eles. Chegam ao ponto de quase confundir as duas coisas e dizer: "A Bíblia da gente é a vida da gente".

Nem sempre conseguem concretizar essa ligação entre Bíblia e vida. Chegam a fazer ligações arbitrárias, sem fundamento nem na letra da Bíblia nem na realidade que hoje vivemos. Mas isso não impede nem anula a intuição profunda, presente em todo o uso que o povo faz da Bíblia: a Bíblia tem a ver com a vida. Há necessidade de uma certa aprendizagem, para poder chegar a dizer: "Depois que começamos a aprender a ler a Bíblia, a gente encontra nela as coisas da vida!" (Itacibá).

Antônio, um sertanejo do Ceará, após ter ouvido uma explicação sobre a história de Abraão, disse: "Agora entendi: a gente é igualzinho a Abraão, caminha como ele, sem saber bem para onde vai a caminhada. Por fora, tudo é incerto, mas por dentro a gente tem uma certeza: Deus quer isso de nós! Se Abraão acertou, nós também vamos poder acertar. É só continuar e não desanimar!" Para esse Antônio, a história de Abraão já não é só uma história do passado; tornou-se também espelho que lhe reflete a história da sua própria vida. Ele irá ler essa história não só para se instruir sobre o que aconteceu com os outros no passado, mas também para saber o que Deus está querendo realizar hoje com o próprio Antônio, ele mesmo. Antônio encontra lá dentro algo de si mesmo e das suas aspirações.

Essa visão da Bíblia como espelho crítico da nossa realidade desperta no povo a busca. A Bíblia é lida e estudada, a fim de conhecer melhor a realidade presente e os apelos de Deus que aí existem. O objetivo último do uso que o povo faz da Bíblia *não é tanto interpretar a Bíblia, mas sim interpretar a vida com a ajuda da Bíblia.* "O Evangelho tem sido comparado a um espelho e, para o nosso pessoal, reflexão é antes de tudo conferir a realidade com o Evangelho para melhor enxergar seus contornos. Descoberto o Evangelho, a vida entra em dueto com ele, harmonizando-se nos fatos mais corriqueiros" (Goiás). A Bíblia ajuda para entender melhor a realidade, e a realidade ajuda para entender melhor o sentido da Bíblia. Já não dá para separar as duas coisas.

Num encontro diocesano, realizado no interior do Ceará, a epístola da missa foi substituída pela seguinte leitura: "Leitura dos Atos dos Cristãos de Água Rasa. Naquele tempo, Antônio e Esmeralda, um casal de velhos, casados há quase 50 anos, passaram em frente da casa onde os cristãos estavam reunidos. Alfredo, um dos cristãos, convidou-os para entrar. Mas eles não quiseram: 'Nós vamos seguindo no lombo do animal. Faltam duas léguas para chegar em casa'. Alfredo insistiu e eles ficaram. Entraram e foram apresentados aos outros. Foi a primeira vez que alguém se interessou pela vida e pelo trabalho dos dois velhos. A certa altura, uma senhora perguntou: 'Antônio e Esmeralda, digam-me uma coisa: na vida de casados vocês sempre foram felizes?' A resposta dos velhos não foi de palavras, mas foi um sorriso alegre e um abraço mútuo. Como se quisessem dizer: 'Ora, que pergunta!' Então, Alfredo falou aos irmãos: 'Eis as coisas escondidas mas grandes que Deus realizou entre nós, durante quase 50 anos, e que Ele acabou de nos revelar! Aqui termina a leitura dos Atos dos Cristãos de Água Rasa'. E todos responderam: "Graças a Deus!"

Não se falou em Bíblia, a vida tomou o lugar dela. Alfredo lê a Bíblia, todos os dias, durante uns 15 a 20 minutos. O resultado desse constante ruminar da Palavra de Deus é a pureza do olhar que consegue descobrir e revelar aos outros os sinais da presença de Deus nas coisas mais simples da vida do povo.

Outra expressão dessa ligação entre Bíblia e vida é a facilidade com que, nos relatórios, se usam temas e personagens bíblicos para com eles caracterizar situações de hoje: tema do êxodo e da libertação (Goiás); Davi contra Golias, comunidade contra o gigante do reflorestamento (São Mateus, ES); "nossa fé não pode ser menor do que a de Abraão" (Acre); tema do cativeiro para designar a opressão em que vive o povo (São Félix).

Tudo isso lembra São Paulo dizendo que a história de Abraão é um símbolo (Hb 11,19). Lembra ainda os Santos Padres dizendo: "Nós, na Bíblia, procuramos não só a história, mas também o símbolo, a alegoria" (Orígenes).

2 Nosso livro, escrito para nós!

No interior de Minas, um fazendeiro em cuja terra estava construída a capela da comunidade não quis fazer o curso de pais e padrinhos que a comunidade exigia. Ele ficou bravo e ameaçou fechar a capela. O coordenador, um camponês bem simples, respondeu tranquilamente: "A capela o senhor pode fechar, mas a Palavra de Deus o senhor não consegue prender nem amarrar!" O patrão pode ser dono da terra; da Palavra de Deus ele não é o dono! Esta pertence ao povo e, no povo, já cresce a consciência de liberdade que essa palavra comunica a quem dela se aproxima.

O povo considera-se destinatário direto da Bíblia. Recebe-a de Deus e da Igreja (e não do padre ou do exegeta), como sendo o *seu* livro. Acredita firmemente que Deus lhe fala diretamente pela Bíblia. Não a lê furtivamente, como se estivesse lendo uma carta escrita para outros. Pelo contrário, ele repete até hoje a frase de São Paulo: "Aquilo foi escrito para nós!" (1Cor 10,11). Sente a Palavra de Deus como uma presença imediata e atualiza o seu sentido.

Daí a sua gratidão, respeito e liberdade interior frente à Bíblia. Com efeito, o povo usa a Bíblia com muito respeito, grande liberdade e imensa gratidão. Vive a gratuidade da Palavra de Deus que, muitas vezes, além dos filhos, é a única riqueza que possui na sua pobreza.

Num encontro de revisão com os coordenadores das comunidades foi feita a pergunta: "Conforme vocês, o que é que ajuda mais o povo a crescer?" Prontamente veio a resposta: "A Palavra de Deus!" Um deles, voltando à noite em casa, após ter dado instruções aos pais e padrinhos, disse: "Eu disse para eles umas pobres palavras. Se eles não gostaram, a culpa não é minha, pois eu as tirei do Livro do Senhor!"

"Algo de novo está acontecendo. O povo (entre outras coisas) sente um grande amor pela Palavra de Deus; há familiarização com os salmos e textos bíblicos" (Acre). Num dos relatórios se fala da "re-apropriação da Bíblia pelo povo" (Itacibá). E os leigos repetem: "A Bíblia tornou-se acessível para nós! Foi entregue aos leigos! Foi domesticada!" (Itacibá).

A palavra "domesticar" explica bem o que queremos dizer, isto é, a Bíblia tornou-se uma coisa "doméstica". É de casa, "é nossa!" O povo "lê a Bíblia no culto e fora dele. Dela tira histórias divinas, princípios de alta sabedoria, os mistérios de Cristo e sua visão do Reino, debate juntos esses tesouros, em confronto com o drama de sua vida humana cotidiana, e assim se opera a primeira revolução, pentecostal, fundamental: cada qual passa de um saber recebido a um saber descoberto" (Barreirinhas).

Aos poucos, a leitura e a reflexão em comum da Palavra de Deus vão criando um ambiente fraterno: "todos se conhecem, manifestam sua alegria nos encontros, estão prontos a ajudar-se mutuamente" (Acre). A Palavra vai convocando e criando a comunidade, e a comunidade, por sua vez, oferece o ambiente e o *contexto* para a leitura da Palavra. Alguém definiu a comunidade como "povo que se reúne em busca da Palavra de Cristo" (Itabira).

A leitura em comum gera ações em comum, enfrentando os problemas (Itacibá). As ações em comum geram uma nova consciência de missão no mundo: estar a serviço da comunidade humana (Linhares). Essa consciência comunitária, alimentada pela convicção expressa na frase: "Nosso livro! Escrito por Deus para nós!", está crescendo por aí, articulando-se nos núcleos, grupos, encontros, reuniões, comunidades, celebrações. É como uma rede muito fina e, por ora, quase invisível, cujas malhas se tecem e cujos nós se fazem no escondido das opções pessoais, feitas no contato com a Palavra, com os irmãos e com a realidade.

Nasce assim a Igreja, a *Ecclesia,* no sentido mais exato e literal do termo: *a convocada pela Palavra para uma missão.* Ela é o *contexto* em que o povo lê o *texto* da Bíblia. Sem esse contexto, o texto seria como lâmpada desligada da força. Essa nova consciência comunitária se traduz também no fato de o povo começar a dar mais atenção à sua própria história: "Cada comunidade tem a sua história e constrói a sua história" (São Mateus, ES). Essa reflexão sobre a própria história e realidade cria o espaço adequado para a Palavra de Deus poder ser acolhida.

3 Com a luz da fé nos olhos

Na Segunda Carta aos Coríntios, Paulo escreve: "A letra mata, mas o Espírito dá vida" (2Cor 3,6). A luz da fé que está nos olhos ilumina a letra e a vivifica. Isso acontecia no tempo de São Paulo e é o que está acontecendo hoje também.

No fundo, a fé que o povo tem na Bíblia não é fé num *livro,* mas é a fé em Alguém que fala hoje pelo livro. O que dá sentido e vida ao livro é essa fé no Cristo vivo, presente na vida e na comunidade. As frases do povo, relatadas nos relatórios, não deixam dúvidas sobre isso:

"A pessoa de Cristo é uma presença real e uma força dinâmica em tudo" (Sítio Granjeiro). "Comecei a dar às pessoas muito mais valor do que antes. Conheci o Cristo vivo entre nós; o Cristo que vive escondido e caladinho dentro de nós. Antigamente Deus era um ser distante; hoje é um Deus que anda conosco e Jesus é nosso irmão" (Itacibá).

Outros relatórios falam da presença e da ação do Espírito Santo: "Sente-se a força do Espírito Santo" (São Mateus do Maranhão). Tem que confiar profundamente "na presença atuante do Espírito no interior do povo" (Jales). Em vez de olhar e de "escrever vidas de santos, de pessoas, chegou o tempo de escrever vidas de comunidades: descobrir-se-á uma presença mais rica, mais profunda e fecunda do Espírito Santo no meio de nós" (São Mateus, ES). "Existe no povo uma grande sensibilidade aos 'sinais' que transparecem nas atitudes e nos gestos e acontecimentos, como acenos da presença e da ação do Espírito" (Goiás). Temos que "trocar ideias para descobrir a ideia do Espírito Santo no povo" (Itabira).

Assim poderíamos continuar citando outras frases que deixam entrever a luz que está nos olhos do povo. É com essa luz que eles leem a Bíblia, fazendo a escolha e a seleção dos textos em vista dos problemas que aparecem. Essa luz *não pode apagar;* pois, apagando-se, escurece o texto da Bíblia e a palavra escrita não presta para mais nada. Daí a necessidade de se alimentar constantemente essa luz. Isso explica por que a Bíblia é lida, de preferência, num ambiente de oração. É para que o Espírito Santo possa ter vez, esclarecer o sentido e revelar onde Deus fala hoje pela realidade. Pois o dom do Espírito só se consegue pela oração (Lc 11,13).

Essa luz não é o privilégio de alguns "peritos" ou mais sabidos. É o dom de Deus, concedido à comunidade e, por meio da comunidade, às pessoas que a ela pertencem. Daí a importância do ambiente comunitário para a leitura da Bíblia. Mesmo a leitura individual não é nem pode ser uma questão puramente pessoal ou privada. É para fortalecer e alimentar em nós o compromisso com Deus e com os irmãos.

Em vista da alimentação constante dessa luz interior surge, aqui e acolá, o desejo de uma vida de oração mais intensa (Acre e Barra do Vento), como antenas que captam as ondas a serem transmitidas pela comunidade.

Árvore forte que o machado não corta, cai sob o vento, quando a raiz apodrece. A liberdade é uma árvore. Sua raiz cresce e não apodrece, mas se esparrama no chão da vida do povo oprimido, quando este povo, no trivial e comum do dia a dia, pode conviver com quem é realmente livre. Deus é livre e libertador. Essa é a marca do seu nome, desde o começo. O contato com esse Deus alimenta no povo a chama da liberdade humana, protege-a contra desvios, sem apagar a mecha que fumega.

Certa vez, um padre, que se dedica a promover no meio do povo a "experiência do Deus vivo", disse: "Fico desconfiado. Será que é experiência verdadeira? Ou será que é embrulho novo para manter uma religiosidade antiga e desligada da vida?" Respondi: "Veja os resultados e analise-os. Se não aparecer neles esforço algum de libertação, nenhuma luta pela justiça, nenhuma tentativa de análise da realidade, se a vida não se humaniza, então é provável que o povo está entrando em contato com um ídolo; certamente não é com o Deus vivo e verdadeiro".

"Onde há o Espírito do Senhor, aí existe liberdade" (2Cor 3,17), dizia São Paulo. Só que a liberdade que a Palavra de Deus comunica cresce lenta e nem sempre é aquela que nós imaginamos. Ela não se parece com alface que hoje se planta e amanhã já se colhe. Parece mais com jacarandá: é a geração futura que vai colher a sombra da árvore que nós hoje plantamos na contradição. Mas plantando a árvore, já se experimenta um começo de liberdade, o suficiente para dar sentido a uma vida humana, a ponto de ela doar-se totalmente.

4 Faz comprometer-se com os oprimidos

"Carta de um lavrador aos cristãos das Igrejas do Brasil". Vou transcrever alguns trechos desta carta do jeito que ela foi escrita, com todos os erros de português. Ela é um exemplo concreto de como a leitura da Bíblia alimenta no homem a luta pelo bem contra toda a forma de opressão.

> Hoje, dia 15 de setembro, escrevo a vocês nesta carta uns terríveis acontecimentos de alguns fatos desumanos e no final desta dizerei o que sinto para ser cristão.

Em seguida, a carta descreve, até nos seus mínimos detalhes, alguns fatos de injustiça, em que a prepotência do poder deixou dois lavradores sem defesa e chegou a assassinar um deles. Depois, ela prossegue:

> Presados cristão é verdade que nesta carta estou denunciando ao público esses fatos e os opressores sempre quando vem isto ficam bravos falando que a gente é comunista perverso doido e até perseguem agente procuram meio para prender agente bater mas isto é velho isto aconteceu com Cristo. Quando ele falou de cara que aquele povo de Israel não socorreu aquelas viúvas aqueles doentes de lá. Confira Lucas 4,25 e 27. Quando ele disse isso rastaram ele para jogar pelo alto abaixo Lucas 4,28 e 29. Quando ele falava das injustiças dos fariseus eles diziam este homem é louco tem o demônio, faziam reunião para pegar ele, mas Jesus sempre falava a verdade e por falar a verdade a defesa dos pobres ele foi muito ameaçado e ele fugia porque precisava lutar não podia morrer sem dar seu testemunho todo; por isto eu escrevo eu vou continuar a denunciar em cartas todos problema contra os pobres, mas chegando a minha hora eu falo e provo a verdade do Evangelho sem medo de morrer porque Jesus disse Como o Pai me enviou eu também envio vocês João 20 verços 21. Se esta carta for lida por alguns opressores e me chingar de louco eu lhes digo que louco é vocês que não tem pena em fazer isto com os pobres porque Cristo dissi quem ofender ao menor de seu irmão é a ele que está ofendendo... Não preciso dizer meu nome sou lavrador seguidor de Jesus Cristo o filho do homem que sempre lutou pela libertação.

Coragem diretamente alimentada na fonte da Palavra de Deus. De um lado, foi na sua situação de oprimido e na sua luta contra a prepotência do poder que o lavrador encontrou a luz para ler e entender a Bíblia. A prática concreta deu vida e sentido à letra escrita. De outro lado, a leitura da letra escrita da Bíblia o animou e orientou na sua luta pela libertação dos seus irmãos.

Outro exemplo é o velho Antônio dos Anjos, que anda centenas de quilômetros, visitando o povo dos seringais do Acre. O padre perguntou: "Antônio, o senhor não cansa, viajando tanto com essa idade?" (68 anos). Resposta do velho: "Canso sim, senhor padre, mas não faz mal. Nessas visitas declaro a Palavra de Deus a todos e digo que nós somos cristãos pertencentes a Deus, alguns pobres vivendo na escuridão da morte e das trevas. Anuncio a Palavra de Deus para eles ficarem mais na luz" (Acre).

O povo procura na Bíblia um sentido para sua vida. Se a Bíblia é "nosso livro, escrito para nós", então deve haver um sentido *para nós* no seu texto! O exegeta pode, com relativa facilidade, criticar o sentido que o povo assim encontra e declará-lo como fruto de fantasia. No entanto, sua declaração não consegue negar a realidade que existe aí: um povo que, aos poucos, vai se comprometendo com a libertação dos seus irmãos. O *sentido para nós* da Bíblia é real, pois ele existe concretizado na vida de milhares de cristãos, no testemunho diário da sua fé, alimentado pela leitura e ruminação constantes da Bíblia. É muito difícil alguém morrer para defender o sentido que o texto tem em si, descoberto pela pesquisa penosa do exegeta. Mas muita gente já morreu e muita gente está sofrendo e apanhando para defender o sentido que eles mesmos descobriram para a sua vida dentro da letra da Bíblia, com ou sem a ajuda do exegeta. E a certeza que o povo obtém em torno do sentido que ele descobre na Bíblia não é uma certeza qualquer, nem uma certeza científica, mas é a certeza que vem do próprio Deus, Ele mesmo, que nos dirige a Palavra. Por isso, existe neles a coragem de enfrentar até a morte, como o mostra tão claramente o testemunho do camponês, escritor da carta.

Os relatórios mostram como o povo leva a sério a palavra de Jesus: "Não basta ouvir a Palavra, tem que praticá-la".

5 Liberta e faz a vida ressuscitar

Bacoral, hanseniano, moço ainda, vive lá no Acre. O sofrimento e o desespero pelos quais ele já passou na vida jamais serão descritos em livros humanos. Numa reunião de monitores dos grupos de evangelização, todos hansenianos, ele assim comentou o Evangelho da visita de Nossa Senhora a Santa Isabel: "Fico admirado! Duas mulheres do povo se visitando, mulheres simples, tratando da salvação e do destino do mundo. Isso acontece hoje também por aí. O Evangelho acontece hoje. Aqui mesmo na nossa reunião! Mas a gente não é simples e, por isso, não descobre a grandeza que é para tratar. Tem gente que vive dizendo: eu sou amigo de fulano de tal, doutor, prefeito, deputado, patrão ou grande ricaço. Pendura a sua grandeza num prego errado. Não vale nada. Nosso valor de gente é ser filho de Deus! Assim eu penso!" Enquanto dizia isso, Bacoral folheava a sua *Bíblia na Linguagem de Hoje*. A doença já lhe tinha comido parte dos dedos, sobrando só uns tocos.

Nesse fato, a Palavra de Deus revela a sua força; pois, no dizer do próprio Bacoral, ela faz ressuscitar a vida, mesmo do homem mais desgraçado. Bacoral expressou a sua descoberta num canto, cuja letra e melodia foram compostas por ele mesmo:

Como Jesus, vou carregar a minha cruz pra poder ressuscitar.

Senhor, muito obrigado, por me ensinares a amar,

pois o amor me purifica e me faz ressuscitar!

O testemunho de Bacoral está sendo germe renovador da vida de muitos outros que convivem com ele no "leprosário". A mesma força de ressurreição transparece nesta pergunta: "Como é que os outrora desprezados, hoje, por suas numerosas e grandes realizações de fé, interpelam seus mestres de ontem, merecem as maiores considerações do vigário, gozam de muita autonomia eclesial, levantam-se, capazes e firmes, de um estado de baixeza e inferioridade, considerado constitucional, fatal, irremediável?" (Barreirinhas).

Outras afirmações: "Agora, com essas reuniões de Bíblia e de comunidade, a gente vai percebendo que é gente. Muitos não percebem. Há tanta injustiça, e mais medo ainda, até na comunidade. O que atrapalha mesmo é o medo. Um só não dá conta e fica com medo. Essas reuniões são boas, porque ajudam a gente a descobrir que foi feita para ser livre. Por isso, eu gosto, sempre gostei, das coisas da Igreja. Rezo muito, se rezo, sempre que posso". Essa senhora, com as palavras simples e breves, diz a mesma coisa que nós estamos afirmando a respeito das características do uso que o povo faz da Bíblia.

"Antes, a Bíblia era menosprezada pelos católicos e hoje se vê que a religião modificou muito. A Bíblia, sendo lida e não escondida, fez com que o povo se sentisse mais liberto, mais livre, mais próximo ao padre, mesmo que não tenha estudado como ele" (Itacibá).

"No interior da organização eclesiástica, o processo de libertação já se manifesta no fato de o pessoal descobrir-se livre e constantemente apelar para a autoridade do Evangelho, quando se sente esmagado pelas estruturas" (Goiás).

Lendo os relatórios, a gente é informada a respeito de muitas pequenas lutas que o pessoal está travando contra as forças que oprimem e estragam a vida. É nisso tudo que acontece a ressurreição e que se faz presente a libertação.

Olhando de perto as cinco características da interpretação popular da Bíblia, a gente percebe que se trata de uma única e mesma realidade vista sob cinco ângulos diferentes: (1) espelho crítico da vida; (2) nosso livro, escrito para nós; (3) a luz da fé nos olhos; (4) faz comprometer com os oprimidos; (5) liberta e faz a vida ressuscitar. É um único grande *contexto*, sem o qual o *texto* não teria força (Espírito) nem sentido (Palavra, Verbo) nem autor (Deus Pai). É o contexto da ressurreição.

Esse contexto da ressurreição não é algo espetacular ou milagroso, mas é a alegria de poder conviver como irmãos e irmãs numa comunidade, unidos entre si para servir aos outros, desafiados pela realidade que está em desacordo com o plano de Deus e confiados em Deus e na mútua união para poder enfrentar e vencer um dia as forças que agora matam a vida. Tudo isso me levou a acrescentar uma sexta característica: *Visão antiga que faz da Bíblia um livro novo e atual.*

6 Visão antiga que faz da Bíblia um livro novo e atual

Essas cinco características nos revelaram a visão que está nos olhos do povo, quando ele começa a ler a Bíblia. Nessa visão, nascida de dentro do povo, da sua maneira de viver a sua fé, está acordando aquilo que, desde o Novo Testamento e desde os Santos Padres da Igreja, sempre caracterizou a interpretação cristã da Bíblia.

Na interpretação popular pode haver muitas falhas e defeitos, muitas incertezas e ambivalências, mas a raiz é boa, muito de acordo com o *sensus ecclesiae* que, desde sempre, orientou a explicação da Bíblia. Eis como nessas cinco características que acabamos de ver renasce a mesma visão que caracterizava a exegese dos Padres da Igreja:

1) *Bíblia como espelho da vida* – A preocupação maior do povo não é saber o que a Bíblia diz em si, mas o que ela diz para nossa vida. Por isso, ela é vista como "espelho". Nós dizemos: *espelho da vida.* Os Santos Padres diziam: *alegoria, símbolo, tipo, figura, sombra, imagem da vida.* Eles liam o Antigo Testamento para,

por meio dele, chegar a entender melhor a riqueza do mistério de Cristo que vivenciavam na comunidade de fé, na Igreja. Partiam sempre da "letra", mas queriam saber o que o Espírito tinha a dizer para os cristãos por meio dessa "letra".

2) *Nosso livro! Escrito para nós* – Aqui transparece, em forma nova, a importância do sentido que os Santos Padres chamavam o *sensus ecclesiae*, sentido da Igreja. Sem a comunidade não é possível chegar a entender bem a Bíblia, pois é dentro da comunidade que atua o Espírito de Deus, o mesmo que inspirou a Bíblia; o único, portanto, que pode revelar o seu verdadeiro sentido. Aqui transparece, em forma nova, a convicção antiga de que a Bíblia é o livro do Povo de Deus, e não só um livro de receitas para provar as verdades ensinadas. É livro de vida.

3) *Com a luz da fé nos olhos* – Os Santos Padres procuravam o "sentido espiritual". Sentido espiritual não é um sentido piedoso ou fantástico, fruto da fantasia, mas é o sentido dado pelo Espírito à sua Igreja. Quem vive na comunidade, vive em contato com o Cristo vivo, ressuscitado, e dele recebe o dom do Espírito, que tira o véu dos olhos para revelar o sentido que Ele quer oferecer ao seu povo pela Bíblia. Quem não tem o Espírito de Deus não pode receber os dons que vêm do próprio Espírito. Na verdade, ele não pode nem os entender (cf. 1Cor 2,14), e, por conseguinte, não pode descobrir o sentido espiritual (cf. 1Cor 2,14-15).

4) *Faz comprometer-se com os oprimidos* – A interpretação do povo não é uma interpretação apenas classificadora, mas transformadora. E era exatamente isso que caracterizava a exegese dos Santos Padres. Para eles, tudo estava como que grávido do Espírito Santo, que dinamizava a vida e a história para encontrar em Cristo o seu pleno sentido e desabrochamento. Com sua "exegese espiritual" eles procuravam apressar o nascimento do novo que em Cristo aparece para a vida humana. A interpretação é um

meio para transformar a vida mais de acordo com as exigências do Evangelho.

5) *Liberta e faz ressuscitar* – É uma interpretação que restitui à "inspiração" da Bíblia o seu verdadeiro significado. A Bíblia não é só um livro de autoridade, inspirado por Deus, que pede obediência. É também e sobretudo o livro que traz a inspiração de Deus para a vida; traz a força dele para transformar a existência; a mesma força que Deus usou para tirar Jesus da morte. Ela liberta e faz ressuscitar porque ataca na raiz o mal que vicia o relacionamento humano, pois dá ao povo consciência de filho de Deus e irmão de Jesus.

5 Dificuldades sentidas pelo povo no uso da Bíblia

1 As traduções da Bíblia
2 Os roteiros usados nas celebrações e nas reuniões
3 A leitura do texto
4 Vencidos pela letra, não descobrem o Espírito que atua na letra
5 As perguntas do povo em torno das frases difíceis da Bíblia
6 O sentido que o povo procura dentro da Bíblia
7 Faz falta um uso mais crítico e criterioso da Bíblia

1 As traduções da Bíblia

Existem várias traduções da Bíblia, mas nem todas são inteligíveis para todos. Certa vez, entreguei um exemplar da *Bíblia na Linguagem de Hoje* ao animador de uma comunidade no Ceará. Imediatamente, ele foi buscar a sua Bíblia, toda ensebada e já gasta, guardada numa sacola de couro. Abriu as duas bíblias na página do Evangelho do domingo anterior e foi conferir. Depois disse:

"Agora sim! Esta Bíblia nova fala igualzinho como a gente fala. Olhe, a Bíblia velha dizia 'terreno pedregoso', mas essa nova diz 'terreno cheio de pedras'. Isso dá para a gente entender. Mas aqui, no domingo passado, ninguém sabia direito o que era pedregoso. A gente adivinhava só!" Outra vez, um grupo perdeu mais de meia hora só para descobrir o sentido da palavra "insensato" que estava na Bíblia. Se o tradutor tivesse escrito logo "bobo" ou "estúpido", teria evitado esse gasto inútil de tempo e de energia.

Esses e muitos outros fatos semelhantes mostram que, aqui no Brasil, é mais fácil fazer uma tradução que seja fiel ao texto original hebraico ou grego do que fazer uma tradução que seja fiel à linguagem do povo humilde desta terra. É muito difícil traduzir a Bíblia numa linguagem que possa ser realmente entendida pelo povo. É mais fácil traduzir as boas traduções da França ou da Itália. Dá menos trabalho. Para o bem do povo, porém, é muito mais urgente e proveitoso que se tente uma tradução do texto original para uma linguagem realmente popular, mesmo que seja uma tradução imperfeita. Quais os critérios de uma tradução perfeita? Não existem, pois dependem da visão que cada um tem da Bíblia e da revelação. Talvez sejam o bem do povo!

A *Bíblia na Linguagem de Hoje* foi muito criticada. Os críticos talvez nunca tenham andado pelo sertão ou pelos bairros para ver e sentir de perto o benefício enorme que essa tradução trouxe para tanta gente, e a gratidão que ela suscitou no coração de tantos. As suas vantagens superam de longe e compensam mil vezes as possíveis desvantagens ligadas a uma ou outra tradução menos fiel ou menos tradicional e menos eclesiástica. Tem sentido uma tradução erudita e exata que o povo não entende? Aliás, tal tradução, embora rigorosamente fiel ao texto original, já não seria fiel ao Evangelho. Pois a fidelidade ao Evangelho exige que se seja fiel também ao homem de hoje. "A fidelidade ao homem moderno é desafiadora e difícil, mas é necessária, se se quer ser fiel à mensagem até ao fundo" (Paulo VI no discurso aos exegetas italianos).

Há alguns outros pontos, aparentemente sem importância para quem está habituado a mexer com livros, mas muito importantes para o trabalho junto ao povo. Uma edição realmente popular da Bíblia, aqui no Brasil, deveria ter um tipo de letra bem grande e legível; deveria evitar tudo quanto é complicação na disposição gráfica das páginas; deveria colocar números bem grandes e bem visíveis para indicar os capítulos e os versículos; deveria usar títulos e subtítulos bem claros e sugestivos; e, se possível, o seu tamanho deveria corresponder ao tamanho da importância que a Bíblia ocupa na vida do povo. Não se pode esquecer nunca que a maioria do povo dos grupos de reflexão não tem o hábito da leitura. Lê com dificuldade. A maioria deles só tem o diploma do Mobral. Eles não têm vista boa e em muitos lugares, por ora, só possuem mesmo a luz da lamparina para iluminar as páginas da Bíblia. O Novo Testamento Ecumênico, editado pela Herder e financiado pela Comunidade de Taizé, poderia ter tido um aproveitamento muito maior ainda, se o editor tivesse reparado nessas "coisas sem importância".

2 Os roteiros usados nas celebrações e nas reuniões

Muitas vezes, as três leituras da liturgia oficial são ininteligíveis para o povo. Só um espírito treinado por longos cursos de liturgia e teologia consegue descobrir um nexo *hipotético* entre as três leituras. Os primeiros cristãos diziam: "Para que impor aos pagãos convertidos esse peso da Lei de Moisés?" Hoje, a gente poderia repetir: "Para que impor ao povo esse peso das três leituras?" Insistir nisso é esquecer que Deus nos quer como gente livre, como filhos em casa. *É na liturgia que deveria ser vivida o começo da liberdade* que Deus oferece e que o povo deve conquistar. Se a própria Bíblia e a liturgia forem instrumento para aumentar ainda mais no povo o complexo de ignorância, como ainda podemos falar em pedagogia libertadora?

Os folhetos elaborados para servir de roteiro nas celebrações podem cair no mesmo defeito. Existem folhetos que predeterminam tudo e não deixam lugar para mais nada, nem mesmo para um pequeno comentário explicativo. Tudo está previsto! Levam o povo no cabresto e não lhe deixam outra alternativa: ou seguir o que está no folheto, ou abandonar o folheto e ficar sem nada. Geralmente, o povo escolhe a primeira alternativa, pois não quer ficar sem nada. O tiro sai pela culatra. O folheto, inventado para aumentar a criatividade e a participação do povo, pode ir matando aos poucos essa mesma criatividade e participação.

Os círculos bíblicos, embora muito úteis, têm também os seus defeitos. Muitos deles são complicados, pois escondem o esquema básico atrás de divisões e subdivisões que pecam por falta de simplicidade. As perguntas de orientação nem sempre são inteligíveis para o povo e nem sempre orientam bem a discussão. Se eu tivesse que escrever de novo aqueles 40 círculos bíblicos, simplificaria tudo. Às vezes, os círculos bíblicos correm o perigo de ficar parados na discussão abstrata dos problemas, sem que levem a uma vivência e a um compromisso real.

Por outro lado, falta também um pouco de criatividade por parte dos vigários e agentes de pastoral, que escolhem muitas vezes a lei do menor esforço. Deveriam adaptar os roteiros à realidade do lugar; deveriam provocar maior participação nas reuniões por meio de cartazes, cânticos, orações, aclamações, e maior envolvimento por uma colocação bem concreta dos problemas a serem discutidos. Deveriam *eles mesmos* sentir-se mais livres, como filhos e filhas em casa e não como escravos que apenas executam a lei do patrão!

3 A leitura do texto

Durante uma reunião de padres e agricultores, foi feita a leitura do Evangelho por um dos padres. Leitura bem pausada e compreensível. Todos foram convidados para dizer a sua palavra. Falaram os padres e, depois, ninguém mais parecia querer falar. Um dos padres, estranhando o silêncio dos camponeses, perguntou: "Os agricultores não vão falar?" – "Vamos, sim!", disse um deles. – "Então, pode falar!" – "Leia mais uma vez o Evangelho, porque não deu para a gente entender", disse o camponês.

Esse fato muito comum e muito simples faz lembrar uma coisa muito importante e muito complicada. A Bíblia nasceu como *narrativa*, de fatos e acontecimentos bem concretos, transmitidos oralmente, durante séculos, antes de serem fixados por escrito. Uma vez fixadas por escrito, essas narrativas se transformaram em *leituras*. Ora, há uma diferença muito grande entre narrativa e leitura.

Na prática, a gente nota o seguinte. Você pode *ler* um texto da Bíblia, mesmo um texto fácil e compreensível; texto bem lido como aquele do padre da reunião. Apesar de tudo isso, você nem sempre consegue prender toda a atenção do povo nem atingir nele a compreensão total do texto. Na hora, porém, em que você deixar de lado o texto escrito e for dizendo a *mesma* coisa em forma de narrativa, sem o texto na mão, como sendo coisa sua que sai da sua boca, aí todos ficam atentos e entendem o que você diz.

Grande parte do nosso povo está mais acostumada com a narrativa do que com a leitura. Há muitos lugares no interior, em que a narrativa ainda é um dos meios principais da transmissão dos valores da vida.

Como utilizar-nos disso na celebração da Palavra ou nas reuniões? Quem quiser substituir a leitura pela narrativa, deverá preparar muito bem o que vai dizer. Esse esforço de preparação, porém, será largamente recompensado pelos resultados. A narrativa estabelece logo um ambiente de comunicação e não de dependência. Ela é bem mais envolvente do que a simples leitura. A leitura solene da Palavra poderia vir no fim, depois da reflexão, como uma espécie de ritual de encerramento. E aqui vale lembrar a frase: "Tem mais sabor de libertação a leitura tremida e soletrada feita por um membro da comunidade, do que a polida e culta do padre ou da irmã" (Linhares).

4 Vencidos pela letra, não descobrem o Espírito que atua na letra

Quando o povo se reúne para discutir a Bíblia, às vezes, só discute a letra e nela se fecha e se perde. Cai num literalismo que mistifica e absolutiza a letra, ao pé da letra. Mata o Espírito, o bom-senso e a criatividade. São vencidos pela letra da Bíblia, mas não convencidos pela sua mensagem. Tornam-se escravos da Bíblia, oprimidos por ela, e a Palavra de Deus não lhes traz libertação alguma. A Bíblia continua coberta por um véu (cf. 2Cor 3,14) e não revela o seu sentido. Muitos até gostam dessa situação e a defendem com unhas e dentes. É a sua segurança; muitas vezes, a sua única segurança!

Sobretudo em lugares onde católicos têm de conviver com crentes e testemunhas de Jeová, a confusão em torno da letra não tem mais limites. Os outros acusam os católicos de não observarem a Bíblia, pois fumam, bebem, dançam, comem carne de porco, carne com sangue dentro, não observam o sábado, as mulheres vestem calças compridas, roupa de homem etc. Na maioria dos casos, a letra da Bíblia afirma essas coisas, preto sobre branco. Os católicos não sabem o que responder e ficam confusos, mas aqui e acolá o bom-senso já lhes diz que essas frases da Bíblia não podem ser tomadas ao pé da letra, e eles começam a buscar maior entendimento.

Perguntei a Dona Ormy do interior de Minas: "O que é que a senhora responde, quando eles vêm com essas dificuldades?"

Ela respondeu: "Eu?... Não sei o que responder! Só digo para eles: bobagem! Vocês cuidam da sua vida, que eu sei cuidar da minha!" Resposta certa ou errada? Dona Ormy jamais será capaz de entender coisa alguma do que vem a ser, por exemplo, um "gênero literário" ou um "condicionamento" cultural, que explicam essas afirmações da Bíblia. Ela nada compreende das distinções introduzidas pelos exegetas para resolver tais questões. O raciocínio dela é muito simples: "Quando meus filhos estão passando fome, eu não vou jogar fora o pedaço de leitão que a vizinha oferece. Não vou recusar a calça comprida que compro tão barata na feira para a minha filha!" Orientando-se por esses e outros critérios da vida, ela chega à mesma conclusão prática que o exegeta. Mas muitos não têm o bom-senso da Dona Ormy, nem a instrução necessária para poder entender o argumento do exegeta, e, por isso, se perdem numa confusão sem saída.

Qual a pedagogia que ajuda o povo a corrigir essa sua visão estreita e deficiente da Bíblia, sem destruir nele a imensa fé que tem na Palavra de Deus? Como fazer com que os resultados da exegese moderna em torno do sentido literal da Bíblia se coloquem realmente a serviço do povo e o ajudem a libertar-se dessa visão quase asfixiante da letra da Bíblia?

5 *As perguntas do povo em torno das frases difíceis da Bíblia*

Certa vez, numa reunião de 38 animadores de diversas comunidades do interior do Ceará, fiz a seguinte pergunta: "Quais as dificuldades que vocês encontram dentro da Bíblia?" Fizeram um breve cochicho e apresentaram 12 dificuldades: "O que significa: (1) gentio, (2) escriba, (3) doze tribos de Israel, (4) levita, (5) fariseu, (6) sedutor do povo, (7) bom samaritano, (8) faraó, (9) o bom irmão, (10) mago do oriente, (11) publicano, (12) quem eram os sacerdotes daquele tempo?"

Perguntas e dificuldades de uma palavra só, bem concretas e delimitadas. O pessoal era tão avaro nas palavras, que nem sequer usava o plural, onde o singular bastava. Por isso mesmo, não cheguei a perceber todo o alcance das dificuldades. Não percebi na hora que cada uma dessas 12 dificuldades representava um caso bem concreto, acontecido com eles numa das suas reuniões. Para poder acertar na resposta, eu deveria ter conhecido o caso concreto que gerou a pergunta. As 12 perguntas eram como que 12 pequenas janelas ou portas que o povo abria para a gente entrar na vida dele. Eu não soube aproveitar a oportunidade que me foi dada, mas aprendi para o futuro.

É grande a tentação de recorrer logo a um bom dicionário bíblico e responder conforme as informações que a gente encontra lá dentro. Mas será que essa é a maneira mais acertada para responder ao problema concreto apresentado por eles? Não sei. Só sei que toda e qualquer pergunta tem uma dupla referência: uma, é o texto difícil da Bíblia, texto que fica fora de nós e suscita perguntas em nós; outra, é a situação concreta do grupo ou da pessoa, que fez com que esta ou aquela frase da Bíblia se tornasse assunto para uma pergunta. A resposta, para poder ser completa, deve levar em conta as duas referências. Para a primeira referência bastaria o dicionário, a exegese, a ciência informativa. Para a segunda exige-se convivência e aquilo que Paulo VI descreveu como a "necessidade de se procurar uma certa conaturalidade de interesses e problemas com o assunto do texto, a fim de poder abrir-se à escuta do mesmo" (discurso aos exegetas italianos).

6 *O sentido que o povo procura dentro da Bíblia*

Relatando como se procedia nas reuniões bíblicas de que ele participava, Fábio, dono de uma pequena fábrica em Belo Horizonte, nos dizia: "Nós fazemos assim: a gente lê um trechinho do Evangelho e, depois, cada um procura dizer aos outros o que o texto disse para ele. Interpretar, a gente não interpreta não. Isso nós não sabemos. Também não precisa. Nós só procuramos saber o que o Evangelho diz para a nossa vida. Isso nos basta. Se fôssemos interpretar, a gente se atrapalharia toda, e a reunião virava bagunça e confusão!"

Essa frase de Fábio dá o que pensar a nós intérpretes, sejam eles exegetas, padres ou agentes de pastoral. Na cabeça do povo existe a ideia de que *interpretar* é coisa complicada e difícil que não serve muito para a vida. De quem recebeu essa ideia? Dos próprios exegetas! Complicamos a nossa função de tal maneira, que ela parece uma pista de alta velocidade, toda cercada, para evitar que o povo dela se utilize. Só os que têm carro podem usar a pista!

Consequência: o povo que anda a pé segue o seu caminho por um atalho e usa a Bíblia como bem entende. Dispensa a explicação científica do exegeta como desnecessária. Nisso esconde-se um sério perigo. A interpretação popular ameaça distanciar-se das exigências de objetividade e corre o risco de cair num subjetivismo espontâneo e num uso ingênuo e acrítico da Bíblia. Reflexo provável da atitude ingênua e acrítica com que muitos se colocam frente à realidade da vida.

Em muitos grupos que se reúnem em torno da Bíblia, a pergunta básica é invariavelmente a mesma: "Qual a mensagem que você tira deste texto para a sua vida?" Quem já participou de tais reuniões sabe que a resposta é quase sempre a mesma com pequenas variações: "Admiro a humildade de Jesus!" Ou: "Encontro um exemplo de fé na atitude de São Pedro!" etc. Com a máxima facilidade, pula-se do século I para o século XX, como se o fato tivesse acontecido ontem e como se os protagonistas do episódio bíblico morassem no quarteirão ao lado. Consequência: não analisam a situação histórica de Jesus e chegam a conclusões sem fundamento na realidade daquele tempo nem no sentido literal do texto; não analisam a situação histórica de hoje e chegam a conclusões sem sentido para o nosso tempo. Tal uso da Bíblia faz com que o leitor se aliene da sua realidade.

A realidade e a revelação pedem bem mais do que a simples leitura espontânea e acrítica da Bíblia. A fé não dispensa o uso crítico da razão. Pelo contrário, exige-o, hoje mais do que nunca. Qual é a ajuda que a exegese oferece concretamente para resolver esse problema real que a pastoral enfrenta? Na prática, a atitude interpretativa do exegeta parece ser uma e a do povo outra. Cada qual opera por sua própria conta em áreas diferentes, ignorando-se mutuamente. O povo busca um sentido para a sua vida, enquanto o exegeta está mais preocupado com o sentido que o texto tem em si. Não há integração entre os dois. Como fazê-la? Como praticar exegese no Brasil?

7 Faz falta um uso mais crítico e criterioso da Bíblia

Um fato ilustra o que acabamos de dizer. Num programa de rádio, um grupo de cristãos procurou esclarecer aos agricultores da diocese sobre o problema da terra no Brasil. Com grande realismo, precisão e coragem, eles não só expunham os direitos do trabalhador rural, mas também o convocavam a se organizar para defender os seus direitos junto às autoridades. No fim do programa, tentaram explicitar a dimensão cristã dessa luta do povo e invocaram dois textos bíblicos: o dos dez leprosos e o da cura do paralítico.

Ora, não há nada mais bíblico e cristão do que ajudar o homem oprimido na conquista dos seus direitos desrespeitados. A escolha dos textos, porém, e a sua aplicação no caso concreto do problema da terra não foram muito felizes. Em certo sentido, eles fizeram o texto dizer aquilo de que o programa estava precisando. Encontraram um sentido-para-nós que não tinha fundamento no sentido-em-si do texto. Foram fiéis à mensagem da Bíblia na primeira parte do programa, onde não falaram da Bíblia, mas só dos problemas do povo. Na segunda parte, não souberam praticar o que recomenda São Pedro: "Estai sempre prontos a responder para a vossa defesa a todo aquele que vos perguntar sobre a razão da vossa esperança" (1Pd 3,15). Ou seja, a fruta apresentada na primeira parte era realmente do pomar da Bíblia, mas, na hora de dizer de que árvore tinha sido colhida, não souberam dar a resposta. Apresentaram e distribuíram laranjas bonitas ao povo e apontaram um pé de mamão dizendo: "Vêm daquela árvore!" Nesse caso, é melhor não dizer nada e só distribuir a fruta.

Aqui aparece novamente a pergunta: como ajudar o povo, para que possa justificar pela Bíblia a atitude bíblica que já está tomando na vida? Em si, essa justificativa pela Bíblia é secundária. O importante mesmo é viver e fazer viver! O importante é apresentar e distribuir as laranjas. Porém, diante das perguntas feitas por outros e diante das exigências da fé hoje em dia, surge cada vez mais a necessidade de um estudo mais crítico e de um uso mais criterioso da Bíblia, que corresponda às exigências dos problemas reais vividos pelo povo.

Por outro lado, nunca como hoje, a exegese foi tão crítica e criteriosa! São em torno de 10 mil artigos e livros científicos por ano sobre tudo quanto é assunto bíblico! Mas a exegese atual, por ora, só é crítica com relação ao sentido da "letra" da Bíblia e não com relação à aplicação desse sentido à nossa realidade. Por isso, esse imenso aparato crítico da exegese moderna serve tão pouco para resolver os problemas concretos da pastoral. Motivo para nós exegetas fazermos um sério exame de consciência sobre a nossa função dentro da Igreja.

6 O método que o povo usa para ler e interpretar a Bíblia

1 Ler o Evangelho na vida
2 Todos aprendizes da vida e do Evangelho
3 Antes, durante, depois
4 Análise da realidade
5 Atitude de pesquisa
6 Bom-senso e sabedoria natural do povo
7 A união faz a força
8 Independência progressiva
9 Interpretação transformadora

1 Ler o Evangelho na vida

Esta é a característica mais generalizada. "Um fato da vida, geralmente situações e ações coletivas ocorridas na cidade, quer seja no trabalho, nos bairros, na escola, na família. A seguir vêm as perguntas que visam que o pessoal descubra como o fato é comum e também as causas que geram tais situações. Depois, a leitura de um texto da Bíblia e logo outra série de perguntas que fazem o pessoal ver melhor o plano de Deus e partir para uma ação concreta" (Volta Redonda). Tudo isso se faz assim, para que "a vida seja o lugar do compromisso, da reflexão e do encontro com Cristo" (Volta Redonda). Esta preocupação de ler o Evangelho na vida, às vezes, não é nem explícita, mas é como que o pressuposto de todo o uso que o povo faz da Bíblia. É como a raiz de onde nasce todo o resto.

55

2 Todos aprendizes da vida e do Evangelho

"Nada é imposto, mas tudo o que vem do pessoal é acolhido. Não há professores nem alunos, porque todos se colocam em atitude de aprendizes da vida e do Evangelho. Não se procura dar resposta, mas se tenta situar adequadamente o problema. O pessoal mais consciente diz sentir-se oprimido quando alguém toma atitude de mestre: o mestre com pretensões de transmitir-lhes sabedoria não lhes interessa. Interessa-lhes, sim, o companheiro que tem mais leitura, mas companheiro com quem se possa debater na igualdade" (Goiás). O mesmo é afirmado de outra maneira bem sugestiva: "trocar ideias para descobrir a ideia do Espírito Santo no povo" (Itabira).

3 Antes, durante, depois

"A reflexão da realidade e da ação antes, durante e depois, levou a uma visão ampla da realidade e um alto nível de consciência. Depois de cada passo feito, o povo se reúne a fim de refletir os acertos e as falhas. Toda reflexão parte da leitura do Evangelho, comparada com a vida. Esse método é libertador na visão e na consciência que dá da realidade, dos problemas com suas causas e consequências; no engajamento que ele cria dentro e fora da comunidade; no questionamento constante: "é isto que Jesus Cristo quer da gente" e "é isto a vontade do Pai"; na descoberta da pessoa de Cristo que é uma força real em tudo" (Mogeiro).

4 Análise da realidade

"O confronto entre o ideal evangélico e a realidade contrastante tem oferecido clima e elementos para a análise das causas da opressão em nível de sistema. Análise dinâmica, nutrida e confirmada pelos acontecimentos do cotidiano" (Goiás). "Como antídoto a uma certa leitura alienada da Bíblia, tem-se tentado algumas experiências de leitura encarnada ou política da mesma" (Itacibá). A pedagogia é libertadora "porque se dá instrumentos para o povo fazer análise da situação em que se acha envolvido para fazer crítica dos preconceitos religiosos alienantes ao confrontar Bíblia e problemas da vida; 'estamos culpando Deus da má situação, agora descobrimos que os culpados éramos nós que nada fazíamos para transformá-la', disseram alguns" (Volta Redonda).

5 Atitude de pesquisa

"O método consiste em considerar o povo como o dono do seu destino, confiando profundamente na presença atuante do Espírito no seu interior. Nesse sentido a pesquisa é um instrumento indispensável para se poder descobrir essa presença e partir realmente das necessidades mais sentidas pela comunidade. A devolução sistemática do material obtido por meio da pesquisa favorece enormemente a discussão dos problemas e o plano de ação" (Jales). "Começaram a pesquisar a realidade; viram que sozinhos não poderiam fazer nada. Foram devolvendo essa pesquisa ao povo, comparando com o Evangelho e intensificando o estudo da realidade. Aos poucos, essas pessoas do povo foram se comprometendo, formando grupos" (Mogeiro).

6 Bom-senso e sabedoria natural do povo

Os relatórios estão cheios de frases do povo em que transparece a facilidade com que ele compara as coisas do Evangelho com as coisas da vida. Uma atenção maior a essa cultura popular como meio de interpretação da Bíblia pode ajudar a corrigir os desvios que existem no uso da Bíblia pelo povo e pode até revelar certos defeitos que, por ora, a gente talvez nem esteja enxergando.

Entrando por essa porta do bom-senso e da sabedoria natural do povo, conseguiu-se quebrar o círculo estreito de uma visão literalista da Bíblia. "O povo foi perdendo o seu fanatismo bíblico e a leitura da Bíblia levou-o, inclusive, a abrir-se para a dimensão política da fé" (São Mateus do Maranhão).

7 A união faz a força

"Dentro desse diálogo brotou a ideia: nós nos reunimos ao redor do Evangelho para entendê-lo, por que não fazer o esforço para pô-lo concretamente em prática? Por que não tentamos ajudar-nos mais?" (São Mateus, ES). E assim vai nascendo uma consciência comunitária, originada da ação em comum. "Da reflexão surge a ação que não é mais individual, mas comunitária, porque de uma ação pequena, objeto de avaliação e analisada a partir dos fracassos ocorridos, descobre-se a necessidade de se organizar melhor em vista de criar força, lutar em outros campos e controlar o processo da ação mesma. O povo se torna sujeito da sua história e cada vez menos manipulado" (Volta Redonda). A mesma coisa é dita com outras palavras: "Quando um sente dor, o outro fica doente". "A gente aprende a se defender em contatos com os outros" (São Mateus do Maranhão).

8 Independência progressiva

"Atualmente, os leigos da diocese estão se organizando em todos os níveis e fazem, por sua conta, reuniões municipais, regionais e diocesanas. Leigo já significa trabalhador da base. E esta palavra recupera o seu sentido: membro do povo" (Goiás). "Nós passamos a entender que a Igreja somos nós mesmos; nós quando procuramos a melhora das nossas condições, da nossa comunidade; do povo enfim" (Tacaimbó). "A pedagogia é libertadora porque as comunidades mais avançadas se tornam cada vez mais independentes dos que dão os subsídios e capazes de tomar iniciativas a partir do próprio povo, depois de uma reflexão crítica da própria situação" (Volta Redonda). Cresce assim a consciência da corresponsabilidade.

9 Interpretação transformadora

Como último ponto convém assinalar a preocupação do povo de não só ouvir mas também de praticar a Palavra de Deus. Com a sua interpretação, eles procuram não só entender as coisas, mas sobretudo modificar o que não está de acordo com o Evangelho. A sua interpretação não é classificadora, mas transformadora. E é exatamente nesse ponto que a interpretação popular se diferencia da interpretação tradicional, aprendida nos seminários.

7 Comparando o método do povo com o método da exegese

1 O método da exegese
2 O método do povo
3 A raiz de onde procede o método do povo
4 Entre o perigo do objetivismo e do subjetivismo
5 As quatro etapas da re-apropriação da Bíblia pelo povo
6 Visão antiga, livro novo

1 O método da exegese

Na descoberta do sentido histórico-literal, a exegese moderna segue o método da *coerência* e do raciocínio. Isto é, segue uma lógica rígida e coerente na concatenação das suas ideias. Quem usa o método da coerência tem consciência clara de tudo o que diz e faz. Nada afirma que não possa ser justificado.

É um método reflexivo que prima pela objetividade e pela exatidão dos conceitos. Constrói sínteses, sistemas e teologias bíblicas. É forte e frágil, ao mesmo tempo, como uma casa bem construída, onde todos os tijolos recebem o seu lugar conforme o cálculo do arquiteto. Tirando-se, porém, uma viga, cai tudo no chão e a síntese já não vale mais. Cada elemento é importante e tem o seu lugar bem preciso dentro do conjunto da lógica. Na procura do sentido histórico-literal da Bíblia, é esse o método que deve ser usado.

Nós, como agentes de pastoral, temos um pouco desse método da coerência e da lógica na cabeça. Temos na cabeça uma visão ou um plano determinado a ser executado e construído dentro da realidade do povo. Por isso, no início, o trabalho pastoral costuma ter uma linha vertical, isto é, de levar ideias novas ao povo de acordo com o plano lógico que está na nossa cabeça.

Será que estamos dispostos a relativizar o nosso método e a corrigir o nosso plano, quando a flor, nascida do povo e irrigada por nós, for diferente daquilo que sobre ela imaginávamos?

2 O método do povo

O método do povo no uso da Bíblia, se é que se pode falar em método, não prima pela coerência interna nem pelo raciocínio, mas se aproxima mais do método da livre associação das ideias. Eles vão falando, livremente, associando ideias, textos, fatos e situações, conforme surgem no pensamento, sem que se veja claramente o nexo lógico.

"A ambiência em que vive o nosso povo dispensa insistir muito sobre conceitos. É possível que lhes faltem noções claras do sistema de crenças da Igreja oficial. Mas ninguém duvida de que seu universo seja impregnado de fé, por mais que seja inadequada a expressão dessa fé, embaraçada por conceitos inassimilados (e inassimiláveis). A palavra brota-lhe cálida de realidade, palpitante de vida, densa de concretude. Daí a facilidade com que inventa expressões, o desembaraço das associações, a riqueza de imagens, a liberdade do falar, do gesto, refletindo como para ele, palavra e ação se casam" (Goiás).

Para o padre ou exegeta que só conhecem o método da coerência e da lógica, tal interpretação feita na base da livre associação de ideias e imagens parece não ter nexo nem coerência nem consistência. O povo parece querer construir casas com tijolos soltos, sem rumo nem prumo, sem massa nem planta. Mas isso é só impressão nossa por julgarmos o povo com os nossos critérios. Na realidade, o povo não quer construir casas, isto é, não quer elaborar sistemas ou sínteses racionais, não quer construir "teologias" disso ou daquilo, ao menos, este não é o objetivo do seu método. O método do povo é diferente: tem outra raiz, segue outro caminho e tem outro objetivo, porque outra é a visão da vida e da Bíblia que está por detrás do seu método.

Nós, exegetas, estamos preocupados com o conteúdo do pensamento da fé. Temos a preocupação com a *ortodoxia*. Queremos saber qual o sentido que o texto tem em si, qual o fundamento histórico da fé. O caminho por onde o exegeta anda para realizar esse objetivo é o método histórico, literário e filológico.

O método do povo não visa aprimorar o conteúdo do pensamento da fé, mas tende a revigorar a sua raiz, para que possa nascer o seu fruto na vida. O povo não quer saber tanto qual o sentido que o texto tem em si, mas sim qual o sentido que o texto tem para a sua vida hoje. Quer saber o que Deus nos tem a dizer hoje por meio da Bíblia. Quer conhecer a vontade de Deus, para poder colocá-la em prática. Tem a preocupação com a *ortopráxis*. O pensamento do povo pode ter as suas falhas, mas a raiz de onde ele pensa, lê e usa a Bíblia é melhor do que a raiz de onde procede o método da exegese tradicional, aprendida nos seminários.

3 A raiz de onde procede o método do povo

O método do povo é semelhante a uma árvore, cujos galhos, distantes entre si, soltos no ar, nascem todos do mesmo tronco, crescem livremente, sem ordem e sem rumo aparente, mas contrabalançados entre si por uma estranha força de equilíbrio que não aparece. Recebem unidade, vida, firmeza e vigor da raiz invisível que se esparrama debaixo do chão. Você pode cortar um galho, arrancar uma folha, a árvore não cai nem morre, mas continua viva, produzindo frutos. O exegeta pode até criticar e declarar como arbitrárias certas interpretações do povo, mas nem por isso essa árvore morre. A raiz de onde tudo nasce não aparece, mas está presente em todos os galhos e folhas, como o pai e a mãe estão presentes no filho por eles gerado.

O método do povo não é um método reflexivo, em que se tem consciência clara de tudo que se diz e faz. A força motriz da sua interpretação nem sempre é percebida por eles mesmos, mas ela se ramifica no chão da vida, onde atua o Espírito, o mesmo Espírito que, no passado, fez surgir o texto da Bíblia.

Para a descoberta do sentido histórico-literal, o método da coerência e da lógica é o melhor. Para a descoberta do sentido que o povo procura, a saber, o sentido que o Espírito Santo hoje oferece para nós por meio do texto da Bíblia, para isso o método do povo é bem mais útil e tem muito a ensinar ao exegeta e ao padre. Aliás, é um método muito mais antigo do que o método da exegese moderna. É o método que caracterizou a exegese dos Santos Padres e dos primeiros cristãos.

Tudo isso pode ser comparado à gestação e ao nascimento. No momento em que o menino é gerado, entra em funcionamento todo um mecanismo dinâmico da natureza que tende a fazer nascer o menino. No povo está sendo gerado o embrião de uma nova visão da vida. Já entrou em funcionamento o mecanismo para fazer nascer esse futuro novo. Esse mecanismo dinâmico é o método do povo. "É como ferramenta que desentranha o conteúdo" (Goiás). Como a mãe gestante, assim o povo não conhece o filho que nele está sendo gerado. Não tem noções claras. O seu método é mais intuitivo, menos preciso na formulação dos contornos da verdade revelada, mas muito mais sugestivo para fortalecer a fonte geradora da verdade e da fé; mais apto para experimentar algo do indizível do mistério de Deus e da vida.

Por isso, é tão importante dar muita atenção às tímidas tentativas do povo de verbalizar o novo que ele está experimentando, pois é o esboço do futuro, que nasce bem pequeno. Por meio do seu método da livre associação das ideias, uma visão nova da vida procura um caminho para chegar a aflorar na consciência, no rosto e na própria vida. O vigor e a força do método do povo não estão no conteúdo das coisas que ele fala, mas no embrião que de dentro dele procura chegar ao nascimento. Não estão na coerência lógica, mas na coerência prática com que ele vive a sua fé. Dessa maneira, ele está fazendo nascer o menino que o Espírito nele gerou. Pelo uso que faz da Bíblia, o povo procura acelerar o parto, para alegrar o mundo com o nascimento do novo. Por ora, enquanto se torce em dores de parto, uma pequena flor desabrocha, por meio das comparações e das palavras simples, tentando dizer o indizível que experimenta: *"Un no sé qué que queda balbuciendo!"* (São João da Cruz).

4 Entre o perigo do objetivismo e do subjetivismo

O medo de caírem no subjetivismo do povo que só procura o *sentido-para-nós* levou os exegetas para o oposto do objetivismo do *sentido-em-si* do texto. A sua preocupação com a objetividade das coisas tornou impossível a participação dos cristãos mais humildes na interpretação da Bíblia. O povo pouco entende das questões debatidas pelos cientistas em torno do sentido histórico-literal. Desse modo, apesar de toda a sua boa vontade e dos seus inegáveis méritos, a exegese científica escondeu a chave da Bíblia (cf. Mt 23,13) e provocou como resposta natural e compreensível o exagero mal encaminhado da exegese espiritualista das pessoas mais humildes que dizem: "Se fôssemos interpretar, a gente se atrapalharia toda, e a reunião virava bagunça e confusão". Essas pessoas, por sua vez, envolvendo-se num subjetivismo perigoso, confirmam os outros na sua preocupação de quererem objetivar todo o conteúdo da fé e de fixá-lo cientificamente, a fim de colocar a fé ao abrigo das investidas da arbitrariedade. Parece um círculo vicioso.

Ainda não se chegou a realizar o ideal proposto por Pio XII da "feliz e fecunda combinação da doutrina e suave unção dos antigos com a mais vasta erudição e arte mais progredida dos modernos" (*Divino Afflante Spiritu*). No entanto, essa integração é hoje mais do que necessária.

De um lado: as explosões descontroladas do pentecostalismo em todo canto; o surgimento de movimentos carismáticos que apelam mais para o sentimento religioso do povo do que para a razão crítica e que querem prescindir de toda a norma e autoridade, apelando para a liberdade do Espírito; a necessidade de uma interiorização das coisas da fé e da vida neste mundo de propaganda em que o homem perde a sua identidade e quase não chega a encontrar-se consigo; a extrema fragilidade do indivíduo nesta nossa cultura de massificação e de opressão. Tudo isso está a mostrar, de uma ou de outra maneira, o vazio da cultura atual e a exigência urgente de uma experiência religiosa e comunitária do Deus vivo e verdadeiro, que dê força, rumo e sentido novo à vida.

De outro lado: a complexidade dos problemas da vida moderna; o questionamento sério da fé que vem das ciências; as exigências de uma visão mais crítica e menos ingênua da realidade; a organização cada vez mais aperfeiçoada das forças da opressão, repressão e marginalização; tudo isso está a mostrar que não bastam só o carisma, o sopro do Espírito, a boa vontade. Exige-se ação planejada, uma estratégia da evangelização, uma organização da esperança do povo, uma visão mais crítica da fé e da Bíblia, uma percepção clara da dimensão política da caridade cristã em vista da luta contra as forças que estragam a vida humana.

Aqui está, ao que nos parece, o desafio que a nossa realidade lança aos que explicam a Bíblia ao povo. Não bastam a informação, o conhecimento e a boa doutrina. É preciso provocar a experiência e atingir a fonte que, um dia, suscitou o conhecimento e nos forneceu a doutrina e a informação. Nesse ponto, o método do povo pode ensinar muito ao exegeta e ao padre.

Também não basta só a experiência e a fé cega. É preciso organizá-las com a razão em vista da conversão e da transformação da vida e da sociedade. Não adianta ter uma boa instalação elétrica em casa, se não houver força que vem da usina. Não adianta ter a força da usina, se não houver uma rede de fios que a conduz. Nesses pontos, o método da exegese moderna e das ciências humanas pode e deve completar o método do povo.

O uso da Bíblia na Igreja é semelhante a uma árvore, cuja raiz está tão profundamente enterrada, que até o tronco ficou invisível. Só se veem dois galhos saírem do chão em lugares diferentes, cada um pretendendo ser o tronco que nasce da raiz: a leitura popular, e a exegese científica. A solução não está em resolver a briga a favor de um dos dois, mas em desenterrar o tronco e tentar atingir a raiz, para que cada galho veja a relatividade das suas pretensões e ambos se coloquem a serviço do fruto que mata a fome.

A mala do povo ficou tão cheia que rebentaram as fivelas tradicionais da ciência exegética e da fé oficial. Não fecha mais. O conteúdo sai pelos lados. Quem sente isso, em primeiro lugar, não é o fabricante das fivelas nem o representante da fé, o bispo, nem o representante da ciência, o exegeta, mas sim os vigários e os agentes de pastoral, encarregados de fechar a mala. Alguns gostariam de fazer uma limpeza dentro da mala e jogar a metade fora, mas já não é possível, pois o povo não o permite. Outros procuram uma fivela mais forte, outros ainda estão à procura de uma mala maior. Vão na casa do bispo e do exegeta. O povo mesmo parece não se preocupar muito com esse problema. É livre. Não depende da mala. Em vez das duas fivelas da ciência exegética e da fé oficial, arrumou as duas cordas do bom-senso e da sua fé simples recebida dos pais. O que não cabe na mala se coloca em sacola e caixote. No ônibus da história tudo cabe. O motorista não reclama nem manda para fora. A realidade da vida não cabe na mala que nós compramos para o povo!

Não se deve absolutizar nem o método do povo nem o da exegese moderna. O problema é que os dois, que deveriam estar unidos, estão separados de fato. Cada qual interpreta a Bíblia a seu modo, com prejuízo para ambos. Deveriam ser como os dois trilhos que conduzem o trem da interpretação para o mesmo fim. Quando os trilhos se separam, o trem descarrilha e não anda mais. A interpretação popular, por falta de ajuda da ciência exegética, ameaça cair no subjetivismo. A interpretação da exegese, por falta de contato com a vida, ameaça esclerosar totalmente e perder-se nos meandros das suas próprias elucubrações, transformando o exegeta num tecnocrata da Bíblia.

5 As quatro etapas da re-apropriação da Bíblia pelo povo

Está em andamento um movimento bastante amplo de "redescoberta e reapropriação da Bíblia pelo povo" (Itacibá). Embora diferenciado em cada lugar, esse movimento pode ser caracterizado como tendo quatro etapas. O objetivo da descrição que aqui faço dessas quatro etapas é ajudar o leitor a entender melhor o que está acontecendo e proporcionar-lhe um instrumento de análise da realidade nesse ponto particular do uso da Bíblia pelo povo.

1 Antes da mudança atual

Antes, a Bíblia, considerada como "livro da Igreja", era interpretada e explicada ao povo pelo clero de acordo com as normas da Igreja. Esta afirmação genérica "explicar a Bíblia de acordo com as normas da Igreja" continua válida para sempre, hoje talvez mais do que nunca. O que está mudando é a sua execução concreta.

Antes, a interpretação da Bíblia, tal como era ensinada nos seminários, estava a serviço do sistema doutrinário vigente. Fazia parte da distribuição do "saber" ao povo "ignorante". Dizer "Bíblia, livro da Igreja", era sinônimo de "Bíblia, livro da hierarquia". A renovação exegética de alto nível dos últimos 200 anos não chegou a questionar esse sistema. Em certo sentido, ela o fortaleceu, transferindo o papel do Magistério para os exegetas, que se tornaram, de fato, os donos do saber em torno da Bíblia. Chegaram a criar um complexo de inferioridade e de ignorância não só no povo, mas até nos padres e bispos. Muitos desses perderam a coragem de falar sobre a Bíblia, sobre a exegese.

De acordo com a visão que se tinha da Bíblia e da sua função na Igreja e na vida dos cristãos, os critérios da interpretação eram quase exclusivamente de ordem histórica e literária (e também disfarçadamente dogmática). A realidade humana como tal, vivida pelo povo, não entrava como quadro de referência na determinação do sentido da Bíblia.

Na prática pastoral, esse sistema se concretizou da seguinte maneira: "Faz pouco tempo que na Igreja o pobre não tinha lugar. Na Igreja só tinha lugar aqueles poderosos, os mais fortes. O pobre não tinha vez nem pelo menos de falar, porque o próprio padre logo dava um *psiu* que ele tinha de ficar calado" (Tacaimbó).

2 Devolução da Bíblia ao povo

Começou a devolução da Bíblia ao seu verdadeiro dono, o povo. Desde o começo do século passado até hoje, milhões de exemplares já foram divulgados ou vendidos aqui no Brasil. A Associação Bíblica das Igrejas Evangélicas já divulgou mais de 2 bilhões de exemplares no mundo inteiro, e a traduziu para mais de 1.200 línguas.

A hierarquia e o clero estimulavam essa divulgação e convidavam os exegetas para que distribuíssem algo do seu saber ao povo e o ajudassem na compreensão da mensagem da Bíblia. Surgiram, assim, em todo canto, os cursos bíblicos, as semanas bíblicas e o começo dos "círculos bíblicos". Surgiu toda uma nova literatura de divulgação que troca em miúdo as novas descobertas científicas em torno do sentido literal e histórico da Bíblia. O objetivo de tudo isso era informar o povo; fazer com que ele chegasse a conhecer melhor o conteúdo da Bíblia.

3 Redescoberta da Bíblia pelo povo

O povo, uma vez na posse da Bíblia e bastante avesso a discussões de ordem literária e histórica, começou a ler a Bíblia com um critério novo, o único que estava à sua disposição: começou a ler a Bíblia, confrontando-a com a sua vida. E essa leitura simples e despretensiosa, sem muito valor "científico", levou-o a descobrir uma nova dimensão na Bíblia, dimensão verdadeira, mas esquecida e não muito valorizada pela exegese moderna. O povo começa a ver na Bíblia não só o relato de uma história do passado, mas também o espelho da história que hoje se passa com ele. "Descobre nela as coisas da vida" (Itacibá).

Essa redescoberta da Bíblia como "espelho da vida" (Goiás) começa a devolver ao povo a sua identidade de Povo de Deus. É olhando no espelho da Bíblia que o povo vai descobrindo a sua própria cara de gente e a sua missão no mundo.

Descobrindo na Bíblia o espelho da sua vida, o povo faz com que a Bíblia chegue, finalmente, a ocupar o lugar que ela quer ocupar na vida e na história. A "carta de Deus" chega na casa do destinatário; adquire endereço e remetente. A partir dessa sua nova inserção na vida do povo, a Bíblia está em condições de poder começar a funcionar e produzir os seus frutos.

4 Re-apropriação da Bíblia pelo povo

Agora, o povo reconhece a Bíblia como sendo o *seu* livro, o "livro da Igreja", do Povo de Deus, "escrito para nós". Já não é um livro só da hierarquia, mas de todos que fazem parte do Povo de Deus.

A Bíblia, vista e lida assim, começa a "inspirar" a vida, fazendo renascer nela uma outra visão, tanto de si mesma como da vida, em cujo centro está a presença viva de Jesus e a fé na ação do Espírito Santo (vários relatórios). É uma visão muito *antiga* que aqui acorda no povo, mas que faz da Bíblia um livro *novo* e atual, pois traz esse livro para o presente, insere-o na vida do povo e transforma-o no motor escondido do atual processo de renovação. A partir dessa visão, as histórias antigas e estranhas da Bíblia começam a ter uma palpitante atualidade e merecem ser estudadas.

Consequentemente, essa nova visão da Bíblia e da vida suscita novos mecanismos e métodos de interpretação que entram em conflito com os mecanismos e métodos anteriores e os questionam, mostrando os seus limites.

Os métodos anteriores da exegese visavam distribuir um saber vindo de fora. Os novos visam desentranhar a visão nova (que acorda dentro da consciência do povo) e explicitá-la na ação concreta. Os anteriores são meios para aplicar na prática uma teoria formulada por outros; os novos são meios para fazer nascer a flor do botão; fazer com que apareça e se articule a visão nova, presente dentro da prática em andamento.

Essas quatro etapas existem por aí, simultâneas, misturadas entre si, na nossa cabeça e na prática. Uma quinta etapa está sendo aguardada, para que o processo atual chegue a tomar rumo certo: é a exegese descobrir os limites do seu método, reformular o seu modo de proceder, usar o seu saber não mais como um saber que tem finalidade em si mesmo, mas como um serviço real ao povo. Do contrário, como já vimos, por falta de um suporte mais científico, o uso que o povo faz da Bíblia pode desandar e perder-se nos caminhos da subjetividade sem consistência; como galho de laranjeira que quebra sob o peso das laranjas, por falta de estaca que o sustente.

6 Visão antiga, livro novo

Método do povo: "Ferramenta que desentranha o conteúdo" (Goiás). Que conteúdo? Eu acredito e estou convencido de que nessa prática tão simples do povo, prática tão ambivalente, tão cheia de falhas e incertezas, tão frágil, está acordando a mesma visão da Bíblia e da vida que, no passado remoto da Igreja, gerou a assim chamada exegese espiritual que procura captar o sentido do Espírito (daí o nome *espiritual*), o sentido que o Espírito hoje oferece ao seu povo.

Com efeito, existe na Igreja uma sabedoria concreta e prática que vem de longe, revelada e conservada no trivial do exercício diário da fé, onde a Bíblia é lida, ruminada e interpretada pelo povo à luz dos problemas concretos da sua vida. Parece uma *flor sem defesa*, da qual dissemos: "Flor que transformas sangue em adubo! És mais forte do que a mão que te corta! Mais duradoura do que a ideia que te define! Mais nítida do que a pintura que retrata o teu rosto! Já cresce no mundo o medo de ti. Flor sem defesa!"

Uma coisa é interpretar a Bíblia como cristão, outra é saber definir os princípios dessa interpretação. Uma é ter o sangue correndo pelas veias, outra é saber como o sangue corre pelas veias. Todos, mesmo os mais pobres e ignorantes, têm o sangue correndo pelas veias. Só os estudiosos e especialistas no assunto é que sabem dizer como o sangue corre pelas veias. Para sabê-lo devem estudar não só os cadáveres dos que já morreram, mas também e sobretudo o organismo dos que estão vivos hoje.

Talvez nós, estudiosos e pastores, devêssemos tornar-nos mais humildes, menos doutores, e fazer-nos alunos dessa prática atual da Igreja, sobretudo dos mais humildes, a que Deus está revelando coisas que eles, certamente, não receberam dos sábios e entendidos. De uma maneira muito simples, quase por uma intuição da sua fé, esse povo retomou a visão da Bíblia e da vida que no passado gerou a exegese espiritual e que levou Jesus a fazer esta prece: "Pai, eu te agradeço, porque escondeste estas coisas aos sábios e entendidos e as revelaste aos pequeninos. Sim, Pai, pois assim foi do teu agrado" (Mt 11,25-26).

8 O problema central da interpretação da Bíblia

1 Quem semeou o joio no meio do trigo?
2 As três forças que entram em jogo quando se explica a Bíblia ao povo
3 O triângulo do problema
4 O problema central do uso da Bíblia na Igreja
5 Duas comparações que esclarecem o assunto
6 Quando falta o "pré-texto", a realidade
7 Quando falta o "con-texto", a dimensão comunitária
8 As exigências do "texto"

1 Quem semeou o joio no meio do trigo?

Por que será que, em alguns lugares, o uso da Bíblia desperta o povo para uma renovação, enquanto, em outros lugares, parece produzir o efeito contrário? Não basta dizer: "Vamos divulgar a Bíblia, e a força da Palavra de Deus fará o resto". Nem basta dizer: "Vamos instruir o povo sobre a Bíblia, e o resto seguirá por si". Pois há lugares, onde a Bíblia era como que o centro de tudo, onde a fé na Palavra de Deus não podia ser maior, onde todo mês havia instrução sobre a Bíblia, mas onde a Palavra de Deus não chegou a revelar a sua força e o povo se fechou num fanatismo bíblico, muito próximo ao dos crentes (São Mateus do Maranhão). O agarramento à Bíblia pode tornar-se biblicismo e, como já vimos, os participantes de alguns "círculos bíblicos" chegam às vezes a ser o grupo mais conservador, mais amarrado e menos livre da paróquia.

Pode até acontecer que as celebrações da Palavra se tornem tanto mais bonitas e participadas, mais religiosas e fanáticas quanto maiores forem a alienação e a pobreza do povo (Linhares). Muitas pessoas leem a Bíblia à luz da sua religiosidade. Usam a Bíblia para levantar voo nas asas dessa sua religiosidade e, por ela, alguns chegam a atitudes heroicas de solidariedade, outros a uma alienação tão grande que o intérprete se sente como quem fala para uma parede impenetrável.

Em outros lugares, porém, a Palavra de Deus está revelando a sua força, produzindo resultados muito positivos: "Os outrora desprezados, hoje, por suas numerosas e grandes realizações de fé, interpelam seus mestres de ontem, merecem as maiores considerações do vigário, gozam de autonomia eclesial, levantam-se, capazes e firmes, de um estado de baixeza e inferioridade, considerado constitucional, fatal, irremediável. [...] Leem a Bíblia no culto e fora dele. Dela tiram histórias divinas, princípios de alta sabedoria, os mistérios de Cristo e sua visão do Reino, debatem juntos sobre esses tesouros, em confronto com o drama de sua vida humana cotidiana, e assim se opera a primeira revolução, pentecostal, fundamental: cada qual passa de um saber recebido a um saber descoberto" (Barreirinhas). Aliás, tudo o que foi dito até agora sobre o uso da Bíblia pelo povo mostrou como, em muitos lugares, a Bíblia é o motor escondido de toda a renovação.

Num determinado lugar, a participação nos encontros bíblicos fez com que o povo descobrisse que "o saber de alguém não pode ser um privilégio que o põe à frente e em cima dos outros, mas deve ser um serviço simples como todos os outros". Os privilegiados do saber tiveram de fazer uma conversão profunda. Por isso, muitos deles abandonaram o movimento. Assim, o uso da Bíblia produziu um julgamento para o bem de todos (São Mateus, ES). Em outro lugar, porém, o uso da mesma Bíblia pelo mesmo povo produz exatamente o contrário: "As pessoas que falam mais e melhor são as mais apreciadas. Julga-se mais pelas palavras do que pelos atos". Surge assim uma pedagogia opressora, em que os participantes ficam na dependência de quem fala e sabe mais (Volta Redonda).

Com outras palavras, a Bíblia ou ajuda ou atrapalha; ou liberta ou oprime. Não é neutra. É faca de dois gumes. Corta sempre: faz viver ou mata. Há muito joio crescendo no meio do trigo. Quem o semeou? O que é que faz a Bíblia ter a sua eficácia e produzir os seus frutos de liberdade?

2 As três forças que entram em jogo quando se explica a Bíblia ao povo

Para usar bem a Bíblia, não basta só a Bíblia, não basta o estudo só do texto. São três as forças que entram em jogo, quando se trata de explicar a Bíblia ao povo: a força do problema concreto que angustia a vida do povo, a força da investigação científica da exegese que questiona as certezas estabelecidas, e a força da fé da Igreja, da comunidade, que está acordando na "memória" dos cristãos.

Vida, ciência e fé. Povo, exegese e Igreja. Três forças em contínua tensão, cada uma com os seus instrumentos e defensores, tentando a seu modo dar a sua contribuição para o uso correto da Bíblia na Igreja. Repetimos: são *forças,* não ideias apenas; forças históricas, bem mais fortes do que nós!

1) *Vida do povo* – É a realidade que hoje vivemos e que nos questiona. É a situação: religiosa, familiar, cultural, social, econômica, política. É o nosso povo do jeito que é. É a vida que todos vivemos. Numa palavra, é o *pré-texto,* isto é, tudo aquilo que preexiste em nós, antes mesmo de entrarmos em contato com o texto, e que nos leva a procurar dentro do texto um *sentido para a vida.*

2) *Ciência exegética* – É a mentalidade mais crítica da análise científica que hoje penetra tudo e que já provocou muitas boas mudanças na maneira de encararmos a Bíblia e a vida, já abalou muitas crenças e ideologias e ajudou a eliminar muitas dúvidas. É a razão, a lógica, o amor à verdade, que examinam e questionam tudo, e que não aceitam qualquer explicação, mas somente aquela que possa convertê-los. É o bom-senso e a sabedoria natural que nos faz desconfiar de muita coisa. É o *texto* da Bíblia, enquanto lido e interpretado com os critérios da ciência, independentemente de qualquer ideia preconcebida, para se chegar a descobrir o seu *sentido literal.*

3) *Fé da Igreja* – É a visão própria com que nós, como cristãos, encaramos a Bíblia e que procuramos na Bíblia um diálogo direto com Deus. É a Igreja que hoje tenta renovar-se, entregando a Bíblia na mão do povo. É a fé da comunidade que recebe e lê a Bíblia como sendo o seu livro e que funciona como *con-texto* na leitura do texto. É o Espírito de Deus, autor divino da Bíblia, que

tira o véu dos olhos do leitor, dando assim vida à letra escrita e, por meio dela, um *sentido novo ao seu povo*.

3 O triângulo do problema

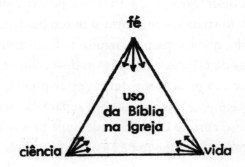

Cada ângulo tem uma visão completa de *todo* o campo interno do triângulo. Por isso, a tentação bem real de cada uma das três forças é sobre-estimar a sua própria função, absolutizar o seu ponto de vista, fechar-se na busca do *seu* sentido, esquecer-se de que é apenas uma parte de um conjunto maior, e achar que é capaz de explicar, por si só, com os seus próprios critérios de análise, todos os fenômenos que aparecem no interior do triângulo.

Ora, foi exatamente isso que aconteceu. Uma das três forças, a da exegese, tirou vantagem, tomou conta da interpretação e as duas outras ficaram para trás. A fé e a vida ficaram sem função determinada, quase subordinadas à ciência exegética. Basta dar uma olhada em certos manuais de introdução à Bíblia. Lá não havia lugar para a vida nem para a fé. Só valia mesmo a análise científica dos textos.

Rompeu-se, assim, o equilíbrio da tensão fecunda que deve existir entre as três forças. Cada qual foi para o seu canto, interpretando a Bíblia por sua própria conta: exegese científica, exegese dogmática e exegese popular. O conjunto ficou desmantelado.

Esse desequilíbrio, porém, é uma violência feita à realidade das coisas. Em se tratando do uso da Bíblia na Igreja, nem mesmo querendo, não é possível uma força isolar-se das outras duas, sob pena de ela desintegrar-se a si mesma e perder a sua identidade. O desenho do triângulo visualiza-o muito bem. As duas linhas, por exemplo, que formam o ângulo da fé, provêm do coração dos ângulos da ciência e da vida do povo. Em cada ângulo, as três forças estão presentes e devem estar presentes, necessária e inseparavelmente. Não é possível separá-las, sob pena de se estragar o uso correto da Bíblia e de impedir a manifestação da força libertadora da Palavra de Deus.

4 O problema central do uso da Bíblia na Igreja

Assim, o problema central do uso da Bíblia na Igreja pode ser formulado da seguinte maneira. Como fazer com que o sentido descoberto dentro da Bíblia: (1) corresponda às exigências da realidade vivida pelo povo; (2) corresponda às exigências da análise científica tanto da realidade como do texto; (3) e seja, ao mesmo tempo, revelação direta do apelo do Espírito Santo a este povo?

Faltando um destes três elementos, a nossa interpretação é falha ou, no mínimo, incompleta. Com outras palavras, o *texto* deve ser lido e interpretado a partir do *pré-texto* da realidade e dentro do *con-texto* da fé da comunidade. É como o violão: o texto é a corda, o contexto é a caixa de ressonância, o pré-texto é o povo que pede a alegria de uma música. Sem o povo que pede, sem um motivo para tocar, sem a caixa de ressonância, o que sobra são umas cordas, uns textos, que não produzem música por si.

O problema maior da interpretação da Bíblia hoje em dia já não está em saber explicar melhor este ou aquele texto; não está em usar um pouco mais os critérios da fé; nem está em ativar no povo a criatividade para ele poder descobrir um sentido para a sua vida em cada texto. Interpretar a Palavra de Deus não depende só da exegese ou de uma infalível competência científica de exegeta, nem só da fé ou de um conhecimento maior da Tradição da Igreja, nem só da vida ou de uma convivência mais intensa com o povo. Depende da integração dessas três forças, ou melhor, depende da integração da ciência e da fé, colocadas ambas a serviço da vida, criada por Deus e salva em Jesus Cristo, para que seja, enfim, "vida em abundância" (Jo 10,10).

Em geral, toda a formação do intérprete da Bíblia, seja ele exegeta, padre ou agente de pastoral, limita-se a um estudo do texto da Bíblia. Por trás dessa formação parece estar a convicção de que usou bem a Bíblia aquele que soube explicar bem o sentido que o texto tem em si, o sentido literal. Mas isso não é verdade! Sem o horizonte do Espírito (con-texto) e sem o horizonte da realidade da vida do povo (pré-texto), o texto da Bíblia é letra morta no papel. O que nos falta não é o conhecimento em tomo do texto. Saber, sabemos até demais! O que nos falta mesmo é saber integrar o estudo do texto dentro da vida de fé da comunidade e dentro da realidade vivida pelo povo, para que o texto possa retomar a vida e revelar um sentido para nós. Isso, nós não o sabemos, porque nunca o aprendemos. Teremos que aprendê-lo de novo!

O nó do problema é fazer com que a comunidade de fé (con-texto) e a realidade da vida (pré-texto) possam ocupar de novo o *seu* lugar dentro do conjunto da interpretação da Bíblia. Você pode analisar as diversas dificuldades e impasses, verificados tanto no uso que o povo faz da Bíblia, como na explicação que nós fazemos da Bíblia ao povo, e verá que a sua causa está no desequilíbrio dessas três forças. Ou tocam o violão sem motivo, só para tocar, sem público; ou tocam sem caixa de ressonância; ou não conseguem tocar porque as cordas estão rebentadas.

Fanatismo bíblico, agarramento à letra, fundamentalismo conservador, moralismo e conformismo, fechamento no ambiente do culto, alienação na religiosidade, uso tendencioso (dogmático ou ideológico) do texto, subjetivismo ingênuo e acrítico, interpretação dominadora, mistificação da letra, tudo isso acontece, ou porque não se consegue entender o *texto*, ou porque se esquece de olhar o *pré-texto* da realidade, ou porque não existe *con-texto* algum de comunidade. E verá ainda que os problemas maiores, isto é, exatamente aqueles que transformam a Bíblia num livro opressor e impedem o despertar do povo, provêm não da ignorância em torno do texto, mas da falta do contexto da fé e, sobretudo, da falta de atenção para o pré-texto da realidade.

Temos que aprender de novo como ler e interpretar bem a Bíblia! Essa aprendizagem, porém, não se faz só por meio da leitura de livros sobre o problema, no nível das ideias; pois, como já disse, não se trata aqui só de ideias, mas de forças históricas bem mais fortes do que nós. Trata-se de ir ver e sentir lá, onde as forças da fé e da vida estão acordando de novo, querendo retomar o seu lugar. E isso está acontecendo no meio do povo.

5 Duas comparações que esclarecem o assunto

Primeira comparação: o homem que dormiu mais de 100 anos.

O uso da Bíblia na Igreja é semelhante ao homem que dormiu mais de 100 anos dentro da sua própria casa. Quando acordou, não encontrou mais o seu lugar, a não ser na cama, onde tinha dormido todo esse tempo. Não encontrava mais conhecido algum. Os novos moradores eram descendentes dos seus netos. Todos nascidos depois que ele pegou no sono. Eram estranhos para ele. Não o conheciam acordado, mas só desacordado, dormindo na cama, sem incomodar ninguém com a sua presença.

Mas agora, de repente, tudo mudou para todos! Acordado, o antigo dono quis continuar a exercer o seu papel de dono da casa como antes. Pois não tinha outro modelo de comportamento. Os novos moradores, porém, não o permitiam. Não queriam perder os direitos que tinham conquistado.

Ao antigo dono só restavam duas alternativas: ou adaptar-se em tudo à nova situação e renunciar aos seus direitos; ou procurar um canto na casa, onde pudesse continuar a ser dono, sem incomodar os outros. Nenhuma das duas soluções era boa, e uma terceira que respeitasse os direitos de ambos ainda não foi encontrada.

Tanto ele mesmo como os seus descendentes emancipados, todos gente muito honesta, vivem agora constrangidos, um ao lado do outro, procurando uma solução para o problema surgido em consequência do despertar repentino do dono da casa.

...é isso que está acontecendo com o uso da Bíblia na Igreja! Um vento novo está soprando, a "memória da fé" dos cristãos está acordando, desarrumando o que estava mal arrumado. O povo está começando a mostrar os nossos erros e limites, as nossas usurpações indevidas. Haja paciência e perseverança!

Segunda comparação: o desvio na rota e no destino da viagem.

A exegese que nos foi ensinada e que está sendo divulgada até hoje em muitos livros é semelhante a um grande navio transatlântico. Atravessando o oceano em busca do porto, procura dar aos passageiros o máximo de segurança. Grandeza, estabilidade, técnica, serviço perfeito, informações precisas na hora certa. Tudo funcionando!

Mas essa segurança *interna* do navio depende de uma série de fatores *externos* que escapam do controle da tripulação. Depende, por exemplo, do mapa geográfico usado pelo capitão, da estabilidade da terra que dá garantia à bússola; depende da posição das estrelas e de tantos outros fatores imponderáveis. Em geral, a tripulação não pensa em nada disso, e nem precisa pensar.

Uma pequena irregularidade, porém, num desses fatores externos pode desviar o navio para uma rota incerta. E, neste caso, toda aquela segurança montada para o bem dos passageiros coloca-se a serviço de um destino inseguro, sem que a tripulação o perceba. Cuidando da segurança interna do navio, ela até colabora na insegurança geral. Pois os instrumentos do navio não foram feitos para captar tais irregularidades. Delas dependem!

Ora, uma irregularidade desse tipo só se fará sentir e o destino inseguro só começará a perturbar a segurança interna, quando, por exemplo, o porto esperado não aparece no horizonte no momento marcado pelos instrumentos. Então, todos acordam e concluem: "Estamos perdidos! Alguma coisa deve estar errada!" E começam a procurar a causa, para poder corrigir a rota do navio em direção ao destino certo.

...é isso que está acontecendo com o uso da Bíblia na Igreja. A exegese parece não perceber certos apelos diferentes que sobem da realidade vivida pelo povo. Ela só olha o *texto* e quase não dá atenção ao *con-texto* e ao *pré-texto,* onde atuam fatores imponderáveis, diferentes do que eram no tempo em que foram montados os instrumentos de análise que até hoje orientam a exegese científica. Por isso, ela corre o perigo de estar navegando para um lugar onde não há porto para atracar, nem povo para embarcar. Corre o risco de não prestar o serviço ao Povo de Deus que dela se espera. Fabrica um chapéu bonito e bom, sem olhar para o tamanho da cabeça do freguês. Haja percepção e discernimento!

6 *Quando falta o "pré-texto", a realidade*

Os três são necessários: texto, pré-texto e con-texto; cada um com a *sua* função. Do contrário, o conjunto não funciona e a Palavra de Deus já não consegue atingir o seu objetivo na vida dos homens. O predomínio de um ou a falta de outro impossibilita e estraga o funcionamento dos três.

Certa vez, um padre me disse: "Estou notando o seguinte. O povo pega a Bíblia e começa a ler; quer levar a sério o que está lá dentro. Mas o ambiente em que faz a leitura não o ajuda. Ambiente só de culto e de religião; só da vida deles, e não do povão, do Brasil. É preciso abrir mais, senão o povo vai se enroscar todo e se perder numa visão bem próxima dos crentes. A gente tenta abrir o ambiente por meio de cursos de saúde, de trabalho no sindicato etc. Mas, na cabeça deles, aquilo está tão distante da Bíblia e da fé, que nem sequer chegam a perceber que uma coisa possa ter a ver algo com a outra. Eles querem ligar a Bíblia com a vida, mas por falta de visão realista essa ligação está se tornando moralista, pietista e conformista".

Conforme a afirmação do padre, existe uma preocupação com a vida. O povo quer ler o Evangelho na vida. Mas quando pensa em "vida", não olha além dos limites internos da vida da sua pequena comunidade. Identifica o "pré-texto" (realidade) com o "con-texto" (comunidade). Preocupa-se só com a transformação da vida do grupo, para que esta mude e se faça de acordo com as exigências expressas no texto da Bíblia. Isso pode até ser um bom começo, um bom despertar. Mas é bom lembrar que, a longo prazo, uma tal comunidade não é perigosa para o sistema antievangélico que rege o mundo de hoje. Pelo contrário, pode até confirmá-lo, enquanto interpreta a Bíblia para moralizar a vida e conformá-la ao ambiente exterior, sem se perguntar se este ambiente está de acordo ou não com o projeto de Deus.

Portanto, quando falta o "pré-texto", isto é, quando falta o horizonte da realidade da vida do povo, faltam também as condições necessárias para que se possa descobrir o sentido do texto para os que vivem dentro da comunidade, e o todo corre perigo de entrar num beco sem saída. Não é que se negava a contribuição da realidade naquelas comunidades de que falava o padre. Não se negava, mas ela ficava reduzida ao tamanho da realidade vivida pelo grupo, sem que se olhasse para além dos seus limites, para a comunidade humana maior.

Essa visão estreita da contribuição reduzida da realidade pode ter várias causas:

1) Pode ser *consequência do crescimento normal do grupo* – O primeiro resultado da leitura da Bíblia é o surgimento de um contexto comunitário em que se lê e se medita o texto com os outros. Lê-se o texto dentro da vida e percebe-se o seu alcance para a realidade; mas, por ora, ainda não se olha além do horizonte limitado da vida do grupo. Hoje, porém, em muitos lugares, o povo está atingindo os limites desse primeiro horizonte, aberto pela Bíblia, e está surgindo a necessidade de se abrir a leitura para um novo horizonte, o horizonte da comunidade humana maior na qual o grupo está inserido.

É o momento crítico de abrir o con-texto só da comunidade para a entrada do pré-texto que fica fora da vida da comunidade. E é possível que o grupo se recuse a abrir, pois cada novo horizonte que se abre traz consigo a impressão de que nada se fez até agora e de que a caminhada percorrida não prestou. *É um momento de tensões e de crises, muito natural e necessário.*

2) Pode ser *consequência do medo* – Os problemas da realidade são tão grandes que qualquer indivíduo desanima em poder resolvê-los. Sobretudo na cidade grande, a situação da vida do povo é tão arrasadora, tão desumana, e o sistema que mantém essa situação é tão forte e tão universal e repressivo que causa medo o simples pensamento de ter que enfrentar essa situação, esse "pré-texto". E o grupo se fecha.

Isso lembra um pouco a situação dos primeiros cristãos. Eles tinham o "contexto" comunitário da ressurreição. E a partir disso enfrentavam o "pré-texto" do mundo judaico, tentando romper com o sistema veterotestamentário, que os mantinha fechados numa visão estreita da salvação. Alguns não queriam abrir o "contexto" para a entrada do mundo de fora, dos pagãos. Queriam conservar a Lei de Moisés com a circuncisão. O Apóstolo Paulo é taxativo: "Eles têm é medo de perseguição!" (Gl 6,12). Estêvão foi morto na hora em que tentou abrir o contexto, fazendo uma releitura do texto a partir do novo pré-texto (cf. At 7).

3) Pode ser *reação alienada contra a realidade de fora* – O grupo percebe a iniquidade do sistema que rege o mundo em que ele vive marginalizado, sem voz nem vez. Cria, por isso mesmo, um ambiente fechado, em que ele, o marginalizado pelo sistema, passa a ser o "salvo por Deus em Cristo".

Os que vivem fora do ambiente da comunidade, fora do "contexto", estão perdidos e "condenados". São taxados de comunistas e ateus. A comunidade se torna, assim, a inversão simbólica da realidade.

4) Pode ser *falta de uma ação pastoral mais integrada* – Os cursos de saúde e o trabalho com o sindicato, de que falava o padre, fazem parte das atividades paroquiais, mas assim parece, aparentemente, não tem nada a ver com a Bíblia. A realidade da vida do povo, o "pré-texto", está desligada do "texto", da Bíblia, por falta de uma ação pastoral integrado, por falta de uma visão correto do "con-texto", da comunidade. Os dois ramos não se apresentam ao povo como partes integrantes de um mesmo plano divino de restauração da vida humana.

Tal ação pastoral vem confirmar a visão já existente, segundo a qual vida e fé estão separadas de fato. A pastoral ajuda o crescimento dos dois galhos, cada qual para o *seu* canto, mas ainda não consegue consertar o mal que está na raiz: separação entre o "con-texto" da fé e o "pré-texto" da vida.

O que fazer para que se possa perceber a importância da realidade da vida do povo para uma boa compreensão da mensagem da Bíblia para nós hoje? Dependendo da causa que mantém o horizonte da realidade fora das considerações do grupo, o remédio será diferente para os diversos casos. Mas algumas pistas gerais podem ser dadas:

1) *"Humanizar" o texto da Bíblia* – Para atacar a raiz do mal, a separação entre fé e vida, é necessário que se apresente o texto bíblico de tal maneira que o povo encontre nele o "espelho" da sua vida e dos seus problemas; é necessário insistir na "conaturalidade de problemas e interesses com o assunto do texto" (Paulo VI), o que desperta o leitor a se abrir à escuta do mesmo. Fala-se muito em *demitizar* a fé. Mais urgente para nós parece ser: trazer o conteúdo do texto dentro do horizonte da vivência cotidiana do povo; explicá-lo de tal maneira que não seja um texto distante, mas um texto que fale da vida humana.

Isso exige do intérprete um esforço maior. Ele terá que estudar e tentar penetrar como que por trás dos bastidores da Bíblia e descobrir lá dentro o problema humano, vivido pelo povo daquele tempo. Dessa maneira, o povo poderá identificar-se com o texto que está sendo lido e perceberá como esse texto é o resultado da mútua interferência entre fé e vida, entre "con-texto" e "pré-texto".

2) *Fortalecer o con-texto, a dimensão comunitária da leitura da Bíblia* – Não adianta só denunciar o fechamento do grupo, provocado pelo medo diante da realidade opressora. Convém fortalecer o grupo, para que possa vencer o medo e recolocar-se de maneira certa diante da realidade. O grupo deve poder encontrar em si uma força maior do que aquela que está arrasando a sua vida. Essa força só poderá ser a força da ressurreição, vivida e percebida nas coisas do cotidiano. Do contrário, por mais que se fale, o contexto não se abrirá, pois ninguém gosta de entrar numa ação suicida.

Por isso, são muito importantes as pequenas vitórias obtidas pelo povo, a percepção de que a "união faz a força", a vivência da solidariedade em todos os níveis, a vivência da fé de que "Deus caminha conosco", a oração, a fraternidade, a alegria, tudo isso que aproxima os membros do grupo entre si e de Deus, vai, aos poucos, fortalecendo o "con-texto" e criando uma mística da coragem para enfrentar o "pré-texto". É esse fortalecimento do "con-texto", da comunidade, que ajudará a vencer as crises de crescimento e abrir o grupo para o horizonte da realidade.

3) *Nunca silenciar o pré-texto, a realidade bem concreta da vida do povo* – Pesquisa e análise da realidade são necessárias como elementos da interpretação da Palavra de Deus. É para que o grupo perceba que a sua vida de grupo não existe nem pode existir separada do resto dos homens; que não é possível consertar e transformar a vida do grupo, sem que se ataque as causas do mal-estar que atuam no mundo.

Aqui é muito importante levar em conta a sabedoria natural do povo. É um cabide muito forte para se pendurar nele a mensagem do texto e criar um contexto certo. Não se deve esquecer nunca que a sabedoria do povo bíblico é anterior a Abraão e aos profetas. A sabedoria era o ambiente em que caiu a palavra profética, como pedra num lago tranquilo, fazendo círculos até atingir a margem.

Pode-se dizer que o esquecimento do "pré-texto" é uma das causas maiores que faz com que a leitura da Bíblia nem sempre consiga atingir o seu resultado. Isso não vale só para o povo, mas também para a pesquisa exegética. A necessidade de se levar em conta o "pré-texto" na interpretação do texto não é apenas uma conveniência didática, mas provém da unidade do plano divino: a palavra libertadora do Evangelho deve ser enxertada no tronco da vida humana, gerada pela Palavra criadora. Criação e salvação são os dois volumes da mesma obra divina.

7 Quando falta o "con-texto", a dimensão comunitária

Um outro padre me disse: "Quando leio ou ouço certas interpretações da Bíblia, tenho a impressão de que estão querendo puxar a brasa para a sua sardinha. Antes de começarem a interpretar o texto, eles já sabem o que vão encontrar nele. Reduzem o sentido da Bíblia ao tamanho dos seus próprios pensamentos". E um outro acrescentou: "É uso ideológico e tendencioso da Bíblia. A comunidade, para eles, não passa de um grupo de ação em vista da transformação da realidade". Essas duas frases, frutos evidentes de um certo exagero, exprimem a importância e a necessidade do "con-texto", da comunidade, na interpretação da Bíblia.

O contexto da comunidade viva é, conforme o dizer de São Paulo, "a carta de Cristo, escrita não com tinta, mas com o Espírito do Deus vivo" (2Cor 3,3). Sem essa carta viva, não há luz para iluminar a carta escrita e descobrir nela o seu sentido para nós. Sem o contexto vivo da comunidade, só sobra a letra, uma lâmpada bonita que não acende e não ilumina nada. "A letra mata; é o Espírito que dá vida e sentido à letra (cf. 2Cor 3,6). Para a interpretação da Bíblia é essencial o olhar de fé da comunidade, nascido do Espírito que fez surgir o texto. Sem o ambiente comunitário de fé ou sem o horizonte do Espírito, só sobram dois polos: o texto e o pré-texto.

Não é que, nessa dificuldade, se nega a contribuição da comunidade. Ninguém a nega. Mas ela pode ficar reduzida ao tamanho dos nossos próprios projetos de ação sobre a realidade. A comunidade corre, então, o risco de ser identificada como um grupo, cujo único objetivo é agir sobre a realidade, para que esta seja mudada de acordo com as exigências do Evangelho, expressas pelo texto. Mas será que a comunidade de fé é *só* um instrumento para que se possa alcançar um objetivo que fica para além dela? Creio que não. A comunidade é também uma antecipação da festa final!

Isso não é apenas um pensamento teórico. Vivendo por antecipação a festa final da ressurreição, a comunidade aparecerá aos olhos de todos como a "carta viva, lida por todos os homens" (cf. 2Cor 3,2), e ela poderá ser o instrumento que pode ajudar-nos na crítica dos projetos históricos, elaborados por nós.

Portanto, quem só olhar o pré-texto da realidade a ser transformada e não der atenção suficiente ao "con-texto" ou olhar o "con-texto", a comunidade, a Igreja, apenas enquanto ela pode contribuir para essa transformação, este, a longo prazo, priva-se do instrumento crítico para a sua ação transformadora e poderá estragar o martelo do "con-texto" com que pretendia transformar o pré-texto. Ele compromete assim o próprio projeto histórico que ele pretende realizar.

Tudo isso mostra que deve existir uma tensão constante e fecunda entre texto, pré-texto e con-texto, entre Bíblia, realidade e comunidade. Cada um dos três deve ter autonomia frente aos outros dois, do contrário, pode-se corromper o uso da Bíblia e pode acontecer que a Bíblia se transforme em elemento opressor do povo.

8 As exigências do "texto"

O "texto" não falta nunca. Sem ele não há nem poderá haver interpretação. O que falta, às vezes, é o texto ter a sua autonomia frente ao "con-texto" (a comunidade, a Igreja) e frente ao "pré-texto" (a realidade da vida do povo). Quando o texto é subordinado aos interesses do "con-texto", da comunidade, da Igreja, surge uma exegese dogmática e apologética. Quando é subordinado aos interesses do "pré-texto", da realidade de hoje, pode surgir uma exegese ideológica. É difícil evitar esses perigos todos, e nunca serão evitados de todo, pois ninguém pode dispensar os olhos com que olha e lê o texto. O importante, porém, é o intérprete ter uma consciência muito viva desses perigos e saber relativizar o ponto de partida, de onde ele parte para ler e usar a Bíblia.

O trabalho específico do estudo do texto pede: (1) fazer valer os direitos do escrito numa conversa face a face com a Palavra; (2) não permitir que o texto seja usado ou distorcido, para que possa servir de apoio ao pensamento de quem quer que seja; (3) estar sempre atento para que para que o sentido-para-nós que encontramos na Bíblia tenha um real fundamento na letra da Bíblia, no sentido-em-si do texto.

O estudo criterioso do "texto" exige (1) que ele seja lido dentro do "con-texto" da fé da comunidade, pois é desse horizonte do Espírito que vem a luz para poder descobrir o sentido do texto para a vida hoje; (2) que ele seja lido também a partir do "pré-texto" da realidade da vida do povo, pois é o horizonte da realidade que mostra todo o alcance "histórico" da conversão que o texto e o Espírito pedem de nós.

A falta do "pré-texto" faz o povo se fechar num gueto religioso. A falta do "con-texto" faz o povo perder a sensibilidade para a presença de Jesus vivo no meio de nós. Ora, quando desaparece aquele que pronuncia hoje a palavra para nós, ficando só a palavra sem o seu autor, perde-se a liberdade para interpretá-la, e a palavra é mistificada como autoridade suprema e rígida. Chega-se à situação em que o povo é vencido pela letra da Bíblia, mas não convencido pela sua mensagem. Virou letra morta!

A redescoberta do "con-texto" está fazendo com que o povo comece a reunir-se em grupos fraternos para ler o "texto". A redescoberta do "pré-texto" está fazendo com que o povo esteja sentindo a necessidade de um uso mais crítico e mais criterioso do "texto".

9 Repercussão da interpretação popular da Bíblia

1 Repercussão sobre os exegetas
2 Desafio para os intérpretes da Bíblia
3 Repercussão sobre padres e pastores
4 "Ferramenta que desentranha o conteúdo"
5 Repercussão sobre o sistema

1 Repercussão sobre os exegetas

A interpretação popular da Bíblia está começando a incomodar o exegeta. Certa vez, passou por aqui um exegeta norte-americano, professor na universidade. Ele me disse: "Vocês, exegetas do Brasil, deveriam escrever mais artigos científicos nas revistas da Europa". Respondi: "Sei que é útil e necessário o que vocês escrevem sobre a Bíblia nas revistas científicas. Mas tenho uma dificuldade muito grande em perceber como essas coisas tão difíceis e complicadas respondem aos problemas concretos que nós sentimos por aqui. Quando estou para transmiti-las aos outros, a língua às vezes me para na boca, pois vejo que nosso povo não tem condições para entender coisa alguma das nossas pesquisas exegéticas do jeito que estas são apresentadas. Não lhe servem para resolver o seu problema de vida e de fé, que é outro". O exegeta não gostou muito e olhou-me incrédulo. Aquilo soava para ele como uma heresia.

Poucos dias depois, fomos visitar um colega que mora num bairro bem pobre numa cidade da serra à beira do mar. Andando pelo bairro e observando de perto a vida do povo, ele parou de repente e disse só estas palavras: "O que lá ensino, aqui não se aplica do jeito que o ensino. Vá procurando a resposta que eu não sei!"

Esse fato é simbólico para expressar o que se passa na cabeça de muitos exegetas e padres. Formados para sermos os intérpretes da Bíblia junto ao povo e querendo realizar essa missão, sentimos vivamente o divórcio existente entre a ciência bíblica que recebemos e as exigências concretas da vida e da fé do nosso povo. O povo não tem a ciência. "Nós não temos o saber da letra", dizia uma senhora do Acre, "só temos a nossa fé e a nossa coragem!" Extasiado diante do saber alheio, o povo cria complexo de ignorância e de inferioridade, silencia e diz: "Fale o senhor, senhor padre! Quem somos nós! O senhor é quem sabe das coisas!" Aumenta nele o sentimento de dependência. Não cresce.

O exegeta, porém, acostumado a debater os problemas complexos e intrincados da sua própria disciplina, quando confrontado com os problemas da interpretação popular, fica devendo a resposta e diz: "Vá procurando a resposta que eu não sei!" Sente-se como a psicóloga laureada em psicologia infantil que teve de aprender da sua empregada como dar de mamar ao primeiro filho. Quando o primeiro filho nasceu, ela percebeu que "a teoria na prática é outra". Foi aí que começou o seu verdadeiro curso de pós-graduação em psicologia infantil.

Iniciou-se assim uma dolorosa revisão nos exegetas em torno da missão que temos dentro da Igreja hoje. Um deles escreve: "Vivemos tão pacificamente na nossa ciência bíblica a ponto de perdermos a sensibilidade para com os seus limites e a liberdade para submetê-la a uma crítica. Uma quantidade imensa de conhecimentos, em boa parte conhecimentos de hipóteses, ficou acumulada sobre cada metro quadrado do texto bíblico, transformando-o num texto distante, difícil e quase ininteligível". Mais adiante, ele continua: "Os homens nos pedem pão, e nós lhes oferecemos um punhado de hipóteses sobre cada versículo do capítulo 6 de São João; fazem perguntas sobre Deus, e nós lhes oferecemos três teorias sobre o gênero literário de um Salmo; têm sede de justiça, e propomos a eles uma discussão sobre a raiz da palavra *sedaqa* (justiça). Estou fazendo um exame de consciência em voz alta e ouço como resposta: isso deve ser feito, sem omitir aquilo" (L. Alonso Schöckel, S.J., professor no Instituto Bíblico de Roma). Em outro artigo, publicado na revista *Concilium*, esse mesmo exegeta pergunta: "Os cristãos da América Latina precisam dos especialistas norte-americanos para que a Palavra de Deus lhes fale? Até que ponto necessitam do milagre exegético alemão os povos mais ou menos católicos do Mediterrâneo?"

O exegeta está começando a dar sinais inconfundíveis de insegurança com relação à sua missão dentro da Igreja. Ele se sente como o homem que estudou e conhece todas as qualidades do sal, mas é mau cozinheiro. A comida não sai bem temperada; não é do agrado do povo, para o qual foi feita. O povo, por sua vez, que pouco ou nada sabe das qualidades do sal, começou a usá-lo, sem pedir licença ao exegeta, e apesar de todas as falhas no seu fogão, revelou-se um bom cozinheiro. A prática dos cristãos, por mais ambivalente que seja, revela os limites que existem na atual exegese, critica a maneira de nós exegetas usarmos a ciência e provoca em nós toda uma revisão. Mergulhado no concreto da ação pastoral, o exegeta vai descobrindo que a faca da sua ciência nem sempre atinge e muito menos cura a raiz das falhas que existem na interpretação popular da Bíblia. A realidade o desarma e o faz ficar mais humilde. E isso é bom!

2 Desafio para os intérpretes da Bíblia

1) *O ponto de partida que deve alimentar a pesquisa exegética* – Num pequeno povoado, um grupo se reuniu para refletir sobre o texto que assim começa: "Havia muitas viúvas em Israel no tempo de Elias" (Lc 4,25). O dirigente, o único alfabetizado do grupo, fez a leitura soletrando as palavras. Perguntou se todos tinham entendido. Ninguém entendeu nada. – "Então, vou ler mais uma vez!" No fim da segunda leitura, perguntou de novo:

"Vocês entenderam agora?" Recebeu a mesma resposta negativa. – "Então, vou ler frase por frase!" Leu a primeira frase: "Muitas viúvas havia em Israel no tempo de Elias". Perguntou: "O que vocês entenderam?" Todos responderam: "Viúvas!" Decisão do dirigente: "Então, vamos falar das nossas viúvas!"

Ora, se é verdade que os grandes problemas teóricos, debatidos pelos especialistas, têm e devem ter as pontas das suas raízes mergulhadas nos problemas mais simples do povo mais humilde, quais seriam então para nós, aqui no Brasil, com esse nosso povo, os verdadeiros problemas teóricos da exegese, cujas raízes mergulham em fatos como esse e outros que acabamos de descrever? Se o exegeta quer realmente servir à Igreja no país em que vive, quais deveriam ser os problemas teóricos nossos? Quais? Pergunta muito séria? Seriam os mesmos que estão preocupando os exegetas europeus?

2) *Os problemas mais importantes que pedem aprofundamento e solução* – O povo necessita de um intérprete, de um mediador, para evitar que se repita o desastre histórico que desintegrou o uso da Bíblia na Igreja. No passado, por falta de uma orientação mais segura e de um método mais crítico, a exegese espiritual desandou pelos caminhos da fantasia e do assim chamado fideísmo. Foi um prejuízo enorme para a interpretação da Bíblia. O povo, em que atua o Espírito Santo, ficou marginalizado na renovação exegética que se fez nos últimos 200 anos; por isso, a própria exegese renovada ficou privada da luz que ilumina e dá sentido aos textos da Bíblia. Provocou-se o impasse de que falamos anteriormente. Mas o povo retomou a Bíblia na mão e já está questionando os exegetas. A interpretação popular tem muitos defeitos e ambivalências. Qual será a reação dos exegetas? A mesma de 200 anos atrás?

O problema central do uso da Bíblia na Igreja deslocou-se do estudo do texto para a contribuição do "con-texto" da fé da comunidade e do "pré-texto" da realidade. O povo já está praticando essa integração entre texto, con-texto e pré-texto, entre bom-senso, fé e vida. Mas ele se defronta com muitas dificuldades, que ameaçam de aborto o novo que está nascendo. É urgente um aprofundamento de tudo isso. Por exemplo, a leitura da Bíblia a partir do pré-texto da realidade, quando esta é apresentada e vivida com critérios científicos diferentes daqueles a que estávamos habituados: como fazer tal leitura? Os que não gostam dizem que é comunista. A leitura da Bíblia dentro do contexto da fé da comunidade: o que quer dizer exatamente "con-texto da fé"? É a comunidade local, regional? É a diocese? São problemas novos que não existem nos manuais, mas de sua solução depende o rumo do futuro.

3) *A visão com que se abordam os problemas* – Se o objetivo da Bíblia é o povo poder encontrar um sentido para a sua vida e luta, então será nesse objetivo que o exegeta deve procurar o critério e a medida para as suas pesquisas científicas. Se um carro é destinado a andar em estradas de terra batida, o industrial deve levar isso em conta desde o primeiro momento da sua fabricação. Ele não pode dizer: "Isso é problema dos motoristas! Eles que se virem". Falar assim seria causa de muitos desastres e "pregos" e, em breve, o industrial perderia os seus fregueses. Se a Bíblia existe para ser atualizada na vida, o exegeta, mesmo que o seu ofício for a determinação do sentido literal e histórico, não poderá dizer: "A atualização da Bíblia não é comigo! Isso é problema dos vigários e agentes de pastoral! Eles que se virem!" O objetivo deve marcar a mentalidade e a visão de tudo que se faz em torno da Bíblia. Se este enfoque estivesse realmente presente em todos os trabalhos da exegese, mesmo nos mais áridos e mais afastados da vida, os resultados das suas pesquisas (os 10 mil artigos e livros por ano) estariam produzindo efeitos bem maiores na solução dos problemas pastorais.

3 Repercussão sobre padres e pastores

Para muitos padres, essa maneira nova de interpretar a Bíblia é tão diferente, que, nem mesmo querendo, conseguem entender e muito menos acompanhar e ajudar o crescimento do novo que nasce. "Os padres não estão bem seguros da realidade de uma Igreja da base" (Bauru). Às vezes, o motivo não é só insegurança, mas é o medo de "perder posições, instalações e comunidades" (Bauru). Várias vezes, ouvi o povo dizer, os padres é que menos ajudam a gente e são os que mais dificuldades criam para nós.

Mas não há motivo para tanta preocupação. A voz anônima do povo encontrou um porta-voz no próprio papa. Num discurso, pronunciado na XXI Semana Bíblica Italiana, Paulo VI tomou a dianteira de muitos exegetas e padres. Discurso realmente significativo para o que hoje se espera dos intérpretes da Bíblia junto ao povo.

Diz o papa: "A fidelidade à Palavra encarnada exige também, em virtude da dinâmica da encarnação, que a mensagem seja tornada presente, na sua integridade, não ao homem em geral, mas ao homem de hoje, àquele a quem a mensagem é anunciada agora. Cristo se fez contemporâneo de alguns homens e falou na linguagem deles. *A fidelidade a Ele pede que essa contemporaneidade continue.* Aqui está toda a obra da Igreja com a sua Tradição, o Magistério e a pregação". Os exegetas devem contribuir para esta tarefa: "A fidelidade ao homem moderno é desafiadora e difícil, mas é necessária, se se quer ser fiel à mensagem até ao fundo". "Entre as duas fidelidades, isto é, à Palavra encarnada e ao homem de hoje, não pode nem deve haver oposição". Ou seja, não pode nem deve existir oposição entre o sentido-em-si que a exegese procura e o sentido-para-nós que o povo procura.

No mesmo discurso, o papa faz uma distinção entre "exegese" e "hermenêutica" (interpretação). A *exegese* é definida por ele como "atividade tradicional" e diz respeito ao estudo científico do texto: crítica textual, crítica histórica e crítica literária. Mas a interpretação da Bíblia não pode ser reduzida ao trabalho da "exegese", como estava sendo até há pouco tempo. Os problemas maiores a serem enfrentados já não se situam na faixa da "exegese" mas na faixa da "hermenêutica". A *hermenêutica* diz respeito ao trabalho necessário para descobrir o sentido do texto para nós hoje e para integrar esse sentido na vida. O papa assinala três problemas mais graves ligados à hermenêutica:

1) "A interpretação não terá esgotado a sua tarefa, a não ser quando tiver mostrado como o significado da Escritura possa referir-se ao presente momento salvífico, isto é, quando fez ver a sua aplicação nas circunstâncias atuais da Igreja e do mundo."

2) "A pessoa do intérprete não é estranha ao processo interpretativo, mas é envolvida por ele. Todo o seu ser é colocado em questão."

3) "Há necessidade de se procurar uma certa conaturalidade de interesses e problemas com o assunto do texto, a fim de poder abrir-se à escuta do mesmo."

Com palavras mais fáceis, o povo diz a mesma coisa que o papa:

1) "A gente só quer saber o que o texto tem a dizer para a nossa vida"!

2) "Nós nos reunimos ao redor do Evangelho para entendê-lo, por que não fazer o esforço para pô-lo em prática?" (São Mateus, ES).

3) "Depois que aprendemos a ler a Bíblia, a gente começa a encontrar nela as coisas da vida" (Itacibá). Ela é "espelho da vida" (Goiás).

Com o Concílio Vaticano II encerra-se uma época e abre-se outra. Encerra-se a época da preocupação quase exclusiva em torno do sentido do texto-em-si. Os documentos eclesiásticos, porém, que até hoje marcam a mentalidade de muitos padres e bispos com relação à interpretação da Bíblia, são quase todos do período entre o Vaticano I e o Vaticano II. Ora, Paulo VI, naquele mesmo discurso, alude à encíclica *Divino Afflante Spiritu* e aos capítulos III e VI da *Dei Verbum*. Ele relativiza tanto a encíclica quanto os dois capítulos, dizendo que eles se preocupam com a "exegese" entendida como "atividade tradicional" em torno do texto da Bíblia. Mas o problema agora é outro: já não se trata tanto de defender a raiz, a "letra" da Bíblia; está na hora de se apresentar o fruto que nasce da raiz, isto é, o sentido que o texto tem para a vida dos homens. Diz o Papa Paulo VI: "A interpretação não terá esgotado a sua tarefa, a não ser quando tiver mostrado como o significado da Escritura possa referir-se ao presente momento salvífico, isto é, quando fez ver a sua aplicação nas circunstâncias atuais da Igreja e do mundo".

4 "Ferramenta que desentranha o conteúdo"

Que conteúdo? A memória conserva o passado não como coisa do passado, mas como força viva e ativa que faz o presente caminhar para o futuro. O verdadeiro passado não ficou no passado. Está nos alicerces do presente, atrás dos olhos que hoje enfrentam o futuro. Não bebemos da fonte da revelação, enquanto a sua água, vinda do passado, escorre pelo longo leito da história até atingir a torneira do nosso presente. A fonte acompanha o povo na sua caminhada, como a pedra do deserto que acompanhava o povo. "Todos comeram o mesmo alimento espiritual, e todos beberam a mesma bebida espiritual, pois bebiam de uma rocha espiritual que os acompanhava; e essa rocha era Cristo" (1Cor 10,3-4). Ela jorra é de dentro de nós, da consciência que o povo tem de si mesmo como Povo de Deus. E esta água está jorrando hoje, límpida e cristalina, no meio do povo. Através do uso que ele faz da Bíblia, a memória da fé está acordando e uma visão nova tanto da Bíblia como da vida procura encontrar um caminho até a superfície da consciência. Que visão é essa? Qual o seu conteúdo?

É uma visão antiga que pode ser sintetizada com a comparação de Santo Agostinho: Deus escreveu dois livros. O primeiro livro não é a Bíblia, mas é a criação, a vida, a história, os fatos, toda a realidade humana, tudo que o homem diz, faz e produz para o seu bem, o sentido-em-si das coisas, a "letra" como diziam os Santos Padres, tudo aquilo que nos toca de perto o "pré-texto". Esse primeiro livro, porém, ficou opaco e perdeu a sua transparência. Suas letras se apagaram pelo pecado do homem. Já não fala mais de Deus. Já não revela mais o seu sentido, a não ser "com muita dificuldade e trabalho demorado da nossa mente".

Por isso, Deus escreveu um outro livro. "O Espírito Santo, o dedo de Deus, que já tinha escrito as cartas da criação, pôs mãos à obra para compor esse novo livro e estendeu sobre nós o céu das Escrituras. É como que um novo firmamento, o qual, como o primeiro, narra o poder de Deus e, mais do que o primeiro, canta a sua misericórdia. Graças a ele, nos foi restituído o olhar da contemplação e, assim, toda a criatura torna-se para nós uma revelação de Deus" (Santo Agostinho).

Portanto, o segundo livro, a Bíblia, não tem finalidade em si mesma. Ela existe em função do primeiro livro, em função da vida e da história humana. Esta nossa vida está "opaca", está estragada, oprimida, não desabrocha mais. E não percebemos esse estrago! É para poder redescobrir o sentido da vida e da história, para poder redescobrir de novo o que Deus quer de nós, e para poder orientar-nos no conserto da vida humana, que nos foi dada a Bíblia.

"A Escritura explica o que a criação coloca diante de nós", diziam os antigos. É como numa exposição de arte, onde o visitante recebe um catálogo que lhe explica o sentido das peças artísticas. *A Bíblia é o catálogo do mundo,* que o cristão recebe do seu Criador, para poder compreender o sentido das peças da vida e para saber qual o sentido que ele deve imprimir às peças que devem ser consertadas. Exposição sem catálogo desnorteia os visitantes. Catálogo sem exposição é simplesmente um absurdo. Condena-se, assim, qualquer biblicismo, como se a Bíblia, por si só, pudesse trazer a salvação.

Essa é a visão que acorda no povo. Lá, onde ela tiver condições de crescer, ela funciona como uma semente, cujo fruto final é a ressurreição, a plena exposição da vida, do jeito que Deus a imaginou no dia da criação. É essa a "teoria" que surge da "prática" e começa a articular-se lentamente, tomando forma nas iniciativas do povo.

5 Repercussão sobre o sistema

Todas essas frases, fatos e atitudes do povo frente à Bíblia revelam uma mentalidade nova. Um vento novo que sopra, anunciando para breve uma mudança no tempo. Ele está provocando insegurança nos que só se sentem bem no sistema anterior, mas é bem acolhido por aqueles que já viviam preocupados com a seca, achando que a chuva não vinha mais.

Esse povo vive, age e fala não mais a partir de um saber recebido, mas a partir de um saber descoberto (Barreirinhas). Já não aceita professor que distribui ideias e receitas, mas sim o companheiro que quer discutir com ele os problemas na igualdade (Goiás).

Eles vivem, agem e falam não mais a partir de valores recebidos dos outros como esmola, mas a partir de uma vida que está brotando de dentro deles mesmos (Bacoral do Acre). A vivência e o exercício desses novos valores estão forçando os privilegiados do poder e do saber a deixar os seus privilégios e a começar a ver o poder e o saber como um serviço (São Mateus, ES).

Eles vivem, agem e falam a partir de uma força nova dentro deles mesmos, na sua união entre si e com Deus. Descobrem que são capazes de realizar grandes coisas: "Este trabalho está dando maior união aqui e fora. Hoje a gente vê que dá para fazer algo, perdi o medo. A gente aprende a se defender em contato com os outros. Não sei como se faz, mas a gente faz tanta coisa sem saber de nada. Sente-se a força do Espírito Santo" (São Mateus do Maranhão).

Eles começam a falar com autoridade, "apelando para a autoridade do Evangelho" (Goiás), e já não aceitam simplesmente qualquer decreto de autoridade. Só o aceitarão, quando for de acordo com e possa ser justificado pelo Evangelho e pela vida (cf. Linhares).

Essa mentalidade nova é, por ora, apenas uma flor, fraca e sem defesa. Cresce lentamente. Mas é uma prova de que o futuro de Deus é possível e praticável. Por isso mesmo, apesar de fraca e sem defesa, ela já está incomodando os que no mundo e na Igreja querem ser os detentores do saber e do poder. "Já cresce no mundo o medo de ti. Flor sem defesa!"

Vale a pena regar essa planta, colocar adubo, fazer o sol entrar, pois trata-se não de uma ideia, mas de uma força, força histórica mais forte do que nós, na qual se concretiza, "historicamente", a força da ressurreição.

No fundo, todas as ideias novas ventiladas no mundo de hoje nasceram dessa matriz; são "precursores" do novo que está para nascer. Captaram e verbalizaram o que está em gestação. Por isso, elas têm penetração. São como João Batista que preparou o caminho. Só que, quando Cristo finalmente chegou, ele não se comportou como João o tinha anunciado. João ficou na dúvida: "É o Senhor, ou devemos esperar por outro?" (Mt 11,3). Jesus mandou que João corrigisse as suas ideias a respeito do futuro que ele tinha anunciado, confrontando-as com o futuro que estava chegando na pessoa e na obra de Jesus: "Vão dizer ao João aquilo que vocês estão vendo e ouvindo!" (Mt 11,4).

Isso pode acontecer e certamente acontecerá também aos "João Batista" que hoje tentam preparar o caminho do futuro de Deus. Pois, a respeito do futuro, por ora, só temos ideias e teorias. O futuro, porém, será maior do que as ideias e teorias que o anunciam e fazem nascer.

Conclusão – Noite de Natal 1976: Quem liberta mesmo é Deus!

Foi uma noite estranha! O Evangelho falava do nascimento de Jesus: "Alegria para todo o povo: hoje, nasceu para vocês o Libertador!" (Lc 2,10-11). "Seu nome é Emanuel, isto é, Deus-conosco" (Mt 1,23). Do altar, eu via uma massa enorme de gente, rostos desconhecidos olhando para mim! Gente do povo, povo da roça! Gente humilde e trabalhadora. Todos olhando para o "padre!" que lhes dava este "belo presente" da missa de Natal! Gente que olhava para o padre como para um enviado de Deus. Quer depender dele, como depende de Deus para a sua fé, sua esperança e seu amor. Pobre do padre lá no altar! Depende desse mesmo povo, como depende de Deus para a sua fé, sua esperança, seu amor. Um depende do outro!

Todas as minhas ideias, naquela noite, me pareciam como ridículas. Deus se encarnou na vida deste povo! Não se encarnou nas minhas ideias e teorias sobre o povo! Deus se encarnou nesta vida que se multiplica e se reproduz, sem ela ter consciência de si! Pudesse eu, nessa noite de ventania e de frio, perceber algo do grande mistério do Deus libertador que nos envolve no meio deste povo! Coisa estranha! As minhas ideias não chegam para abarcá-lo! Os planos nascidos dessas ideias não chegam para exprimir a totalidade da liberdade que Ele quer oferecer; não conseguem explicitar a totalidade da vida, cujo germe Ele colocou em nós!

Talvez nos faltem os anjos que cantam: "Glória a Deus nas alturas e paz na terra aos homens por Ele amados!" (Lc 2,14).

Falta-nos saber viver a gratuidade do amor de Deus por nós! A viva experiência dessa gratuidade pode dar consistência aos planos. Pode encher a vida e dar-lhe um sentido novo. Um plano concebido por mim, por mais seguro e certo que seja, me deixa inseguro e incerto. Não tenho coragem de apresentá-lo como projeto de vida aos outros. Deus-conosco! Deus já está conosco. "Quando vocês ainda eram pecadores, ele morreu por vocês!" Não o merecemos! Tanto a vida como a sua libertação, tudo é graça!

Eu estava no fim do meu curso de "pós-graduação" no sertão. Esses seis meses valeram para criar em mim um sentimento de profunda fraqueza e não saber. A gente não é nada. É Deus quem chama e salva e, por isso, a gente tem a coragem de fazer alguma coisa. Valeram para criar em mim um sentimento da necessidade de gastar tempo em ficar à toa diante de Deus, apesar de todos os trabalhos e necessidades. Valeram para criar em mim uma preocupação maior com as coisas bem pequenas do relacionamento humano e perder tempo nisso, para que o sofrimento da luta seja aliviado. Valeram para criar em mim uma convicção mais firme de que o Evangelho é sobretudo dos pobres e para os pobres e de que todos nós temos que aprender deles. Valeram para fazer ver a relatividade de um bocado de coisas que antes pareciam indispensáveis; para ficar um pouco mais livre por dentro. Pode-se viver muito mais com muito menos. Valeram para perceber a necessidade da "festa" para que a "luta" possa ter êxito. Valeram para perceber melhor a necessidade de um estudo mais aprofundado da realidade, a fim de poder enxergar melhor os mecanismos que estragam a vida. Valeram para perceber que o Evangelho exige da gente assumir a causa dos pobres que são tantos, e começar a olhar o problema do mundo a partir do ponto de vista deles. Valeram para muita coisa! Não sei se tudo isso vai vingar em mim. Deus queira que vingue!

3
Como se faz teologia bíblica no Brasil

(em torno de 1980)

Introdução
1 A caminhada feita
2 Temas vitais e centrais
3 Principais dificuldades

Introdução

Encontro-me num lugar onde não tenho biblioteca à disposição, nem tenho possibilidade de fazer consultas. A única coisa de que disponho é a memória das coisas que aprendi e vivi, a presença dos meus confrades, o pano de fundo das comunidades, a pobreza da região e o clamor do povo que Deus ouve. Por isso, a presente reflexão não poderá ser completa. Servirá para iniciar um debate. É no debate, assim espero, que ela poderá ser corrigida e completada.

Não sei definir bem o que vem a ser "teologia bíblica", pois não existe consenso sobre esse assunto. Entendo por isso o esforço de se revelar, com a ajuda da Bíblia, os sinais e os apelos de Deus que existem na vida do povo e nos acontecimentos da nossa história.

1 A caminhada feita

A encíclica *Divino Afflante Spiritu* do Papa Pio XII sobre os estudos da Bíblia, de 30 de setembro de 1943, desencadeou na Europa uma renovação da exegese e um interesse muito vasto pela Bíblia por parte do povo. O estudo renovado da Bíblia alimentou a teologia, estimulou a renovação litúrgica e foi o que mais contribuiu para a renovação interna da Igreja.

Toda essa renovação do estudo da Bíblia e da sua divulgação e leitura na Igreja deu fruto no Concílio Vaticano II por meio do documento *Dei Verbum*, resultado sereno de um longo debate, dia 18 de novembro de 1965.

Os exegetas que iniciaram o movimento bíblico aqui no Brasil foram formados na Europa. Trouxeram para cá o vento novo que soprava por lá. A exegese brasileira era um prolongamento da exegese europeia. Grande parte das obras publicadas no Brasil eram traduções de autores europeus ou neles se inspiravam. Ao mesmo tempo, houve um trabalho muito intenso de divulgação dos resultados da pesquisa científica da exegese, o que deu e está dando frutos abundantes até hoje.

A exegese no Brasil não entrou por caminhos novos, não abriu novos horizontes de pesquisa. Orientou-se pelos critérios do método adotado pela exegese europeia que, em geral, eram literários e históricos. Critérios sólidos, sem dúvida.

Aqui no Brasil, durante muitos anos, a reflexão bíblica foi animada e coordenada pela Liga dos Estudos Bíblicos (LEB). A LEB mantém a *Revista de Cultura Bíblica* (*RCB*) e chegou a fazer uma tradução da Bíblia dos textos originais, que teve ampla divulgação na assim chamada "A Bíblia mais bela do mundo".

Hoje em dia, nota-se um certo cansaço na exegese europeia. Esgotaram-se os recursos do método adotado. Enveredou-se por uma especialização cada vez maior, mas que não parece responder às exigências do povo que vive a sua fé em meio às crises de uma sociedade em mudança. A exegese científica distanciou-se da vida do povo e não sabe bem qual a sua função específica no conjunto da vivência da fé. Está-se à procura de caminhos novos que já apontam aqui e acolá.

A exegese científica já não tem hoje a mesma coragem que teve na primeira metade do século XX, quando criticou, com ótimos resultados, o uso demasiadamente dogmático da Bíblia dentro da Igreja. Hoje, ela não tem mais a mesma coragem para perceber e criticar o uso demasiadamente ideológico da Bíblia, tanto dentro da Igreja como fora dela.

Essa mesma crise reflete-se aqui no Brasil. A LEB já não consegue canalizar os esforços dos exegetas, que andam dispersos. A RCB sobrevive a duras penas. As obras científicas mais especializadas não têm muitos compradores. As exigências do povo são outras.

Mas existe uma novidade! Está surgindo, aqui no Brasil, uma nova "teologia bíblica", que vem de outro canto. Vem do chão, onde a semente da Palavra foi lançada. Vem do povo que retomou a Bíblia em suas mãos e começou a ler a Palavra de Deus, partindo dos problemas da sua vida e da sua luta.

Essa leitura popular da Bíblia é a grande novidade que o Espírito está suscitando entre nós e que nunca houve antes. Ela é fruto de uma série de convergências:

• do trabalho anterior e concomitante de divulgação por parte dos exegetas;

• do movimento litúrgico renovado que provocou maior interesse pela Bíblia;

• da Ação Católica, cujo método **ver**-**julgar**-**agir** ajudou a ligar Bíblia e vida;

• das semanas bíblicas, promovidas em muitas dioceses e paróquias;

• dos cursos do Ispac nas várias regiões do Brasil;

- da difusão da Bíblia aos milhares, aos milhões, em todo canto;
- do desafio dos crentes que usam e leem a Bíblia mais do que os católicos;
- da prática dos pobres, abandonados, tanto por parte do governo como por parte da Igreja, que descobrem na Palavra de Deus o seu aliado;
- da influência dos documentos de Medellín e de Puebla, que propõem uma leitura crítica da realidade e que procuram reler os documentos do Concílio Vaticano II a partir e em vista da realidade latino-americana;
- da situação política de repressão na época da ditadura que obrigou a um trabalho mais humilde e mais discreto junto às bases;
- do vento do tempo que descrê ou desconfia de toda a imposição autoritária;
- da ação do Espírito Santo que sopra forte no meio dos pobres.

Essa nova "teologia bíblica", que fermenta nas Comunidades Eclesiais de Base, expressa-se no jeito do povo ler a Bíblia. Por ora, é uma teologia apenas falada. Fraca e forte, como a própria palavra falada. Não é escrita. Ela se transmite de maneira diferente, não por livros, mas sim oralmente por meio de celebrações e benditos, histórias e dramatizações, poesias e cânticos, encontros, cursos e reuniões, visitas, festas e assembleias. Exatamente como a própria Palavra de Deus, antes de ela receber a sua forma escrita na Bíblia.

Na leitura que o povo das comunidades faz da Bíblia reaparecem, de maneira nova e surpreendente, a mesma visão e a mesma atitude interpretativa que caracterizavam a interpretação dos Santos Padres da Igreja nos primeiros séculos.

Apesar de todos os seus defeitos e deficiências, essa leitura que os pobres fazem da Bíblia apresenta um novo contexto que permite à exegese científica redescobrir sua missão dentro da Igreja. Ou seja, ela oferece aos exegetas um quadro novo dentro do qual é possível redescobrir qual deva ser o "serviço da Palavra" dentro da Igreja, mesmo o serviço daqueles e daquelas, cuja vida se resume no estudo científico da Bíblia. Ela mostrará a suma importância do estudo científico da Bíblia.

Eis alguns pontos que caracterizam essa leitura que os pobres estão fazendo nas Comunidades Eclesiais de Base:

a) Leitura comunitária – A Bíblia é vista como o livro da comunidade. Mesmo fazendo leitura individual, os pobres sabem que estão lendo o "livro da comunidade". Reaparece aqui, de maneira nova, o *sensus ecclesiae* (sentido da Igreja). Nas reuniões do povo, onde a palavra circula com liberdade entre os membros da comunidade, aí a Palavra de Deus produz liberdade e se estabelece um *sensus ecclesiae*, um sentido comum que a comunidade descobre e assume. Em muitos lugares, des-clericalizou-se o uso da Bíblia. O povo re-apropriou-se da Bíblia como sendo o "nosso livro", "escrito para nós", no dizer de São Paulo (Rm 15,4).

b) História e espelho – A Bíblia é lida não só como história do passado, mas também e sobretudo como espelho da história que acontece hoje na vida do povo. Reaparece aqui, de maneira nova, a visão dos Santos Padres que falavam em *littera et spiritus* (letra e espírito). Acentua-se a atualidade da Palavra de Deus. Deus fala hoje a nós através da vida, iluminada pela Bíblia. O objetivo principal da leitura da Bíblia não é interpretar a Bíblia, mas sim interpretar a vida com a ajuda da Bíblia. Desloca-se o eixo da interpretação, pois o conceito da revelação é diferente.

c) A busca do sentido-para-nós – A preocupação principal do povo não gira em torno da procura do *sentido-em-si* do texto (histórico-literal), mas em torno do sentido que a Bíblia tem para nós hoje. Reaparece aqui, de maneira nova, toda a problemática do *sensus spiritualis*: o sentido espiritual, o sentido que o Espírito revela hoje à sua Igreja por meio dos textos antigos da Bíblia, como os Padres da Igreja faziam nos primeiros séculos da Igreja.

d) *Lectio divina* **(leitura orante)** – Para que uma pessoa possa determinar o sentido histórico literal de um texto da Bíblia não é necessário que ela tenha fé. Basta ter a ciência necessária. Ou seja, na exegese científica a fé não é elemento constitutivo do processo da interpretação. É condição prévia. Para o povo, a leitura da Bíblia é o exercício da própria fé. Quando se reúne para ler a Palavra de Deus, o povo envolve a leitura pela oração. Sempre! Faz leitura orante. Invoca a luz do Espírito Santo. Reaparece aqui, de maneira nova, a *lectio divina*. A descoberta do sentido da Palavra de Deus para a nossa vida não é fruto só da ciência, do raciocínio humano, mas é também um dom de Deus por meio do Espírito. Dá-se um lugar importante à ação do Espírito Santo na leitura da Bíblia. O dom do Espírito Santo só se consegue por meio da oração. "Se vocês, que são maus, sabem dar coisas boas aos filhos, quanto mais o Pai do céu! Ele dará o Espírito Santo àqueles que o pedirem" (Lc 11,13).

e) Leitura militante – O povo leva a Palavra de Deus a sério. Não lê só para entender, mas procura praticar a Palavra. Aqui se dá o conflito. Aqui aparece a incidência da Palavra de Deus sobre a situação concreta de hoje que é política, social e econômica. A leitura que nós aprendemos no seminário era mais "informativa". A leitura que o povo faz nas comunidades não é só *informativa*, mas também e sobretudo *transformadora*. Dirige-se mais à prática, à ação, à transformação da vida e da sociedade. Assume, por isso mesmo, uma dimensão política. Ou, para dizer a mesma coisa em termos bíblicos: a leitura que o povo faz da Bíblia revela, bem concretamente, o "anúncio" e a "denúncia" inerentes à Palavra de Deus, e leva à "conversão".

f) Leitura a partir de outro lugar social – O pobre lê a Bíblia a partir da sua situação de oprimido dentro da atual sociedade. Isso lhe permite descobrir um sentido que os exegetas, às vezes, não descobrem por estarem situados em outro lugar social. O povo não faz leitura neutra. Faz leitura engajada, comprometida com os pobres e com a luta dos pobres. Aqui convém lembrar que as palavras "opressor" e "oprimido" não vêm da análise marxista, nem de uma ideologia esquerdista ou comunista. São palavras que estão na raiz da própria Bíblia. Basta conferir um dicionário da língua hebraica! Ao usar esses termos, o povo é fiel à Palavra de Deus.

g) Leitura envolvente – Isso quer dizer o seguinte: a procura e a descoberta do sentido não se fazem unicamente e nem em primeiro lugar, por meio do discurso, da aula, da informação, do raciocínio, mas por um processo mais amplo que envolve todos os aspectos da vida: convivência, celebrações, cânticos, a luta em comum, as reuniões, a organização da comunidade. O próprio conceito que o povo tem da "Palavra de Deus" e do "Evangelho" é muito mais amplo do que só a palavra escrita. Aproxima-se muito do conceito que a Bíblia tem da "Palavra de Deus" e do "Evangelho".

Tudo isso que acabamos de expor existe misturado, sem muita clareza, dentro da realidade confusa da vivência da fé do povo das comunidades. Como já dissemos, há defeitos e deficiências na leitura que o povo faz da Bíblia, mas a raiz é boa! É da mais pura Tradição eclesial! A visão com que o povo lê a Bíblia e a sua atitude interpretativa estão mais dentro da Tradição do que a visão e a atitude interpretativa com que a exegese científica moderna se coloca frente à Bíblia. Na leitura que o povo faz da Bíblia reaparece a tradição antiga que faz da Bíblia um livro novo e atual.

A leitura que o povo faz da Bíblia é um dom de Deus para a Igreja, que pede o máximo de atenção aos que na Igreja devem zelar pela pureza da fé. Por meio desse dom que Deus suscita no meio dos pobres, Ele nos interpela. A leitura que o povo faz da Bíblia é uma semente pequenina que poderá dar muitos frutos, se ela for bem adubada e irrigada pelo jardineiro.

Até aqui vai o que tenho a informar sobre a caminhada feita até agora nas comunidades. Nem tudo está claro. Há muitas perguntas e dúvidas. Mas é pelos frutos que se conhece a árvore. Jesus disse que um sinal da chegada do Reino é quando os cegos começam a ver, os leprosos são limpos, os mortos ressuscitam e os pobres são evangelizados. Esses sinais, dados pelo próprio Jesus como resposta para João Batista, já estão se realizando entre nós. Cegos veem, coxos andam, leprosos são limpos, mortos ressuscitam, e os pobres são evangelizados (cf. Mt 11,4-5). Não só são evangelizados, mas já estão evangelizando!

2 Temas vitais e centrais

A realidade nova que está surgindo em todo canto faz um apelo a todos nós para "não extinguir o Espírito Santo" e para ter a coragem de "se deixar guiar pelo Espírito", como dizia São Paulo aos cristãos das comunidades de Tessalônica (1Ts 5,19) e da Galácia (Gl 5,16-24). Em vista disso, vários temas centrais merecem atenção maior. São temas mais teóricos que dizem respeito ao processo da interpretação e ao conteúdo da mensagem bíblica. Eis alguns dos temas que merecem um aprofundamento maior. Vou enumerá-los como perguntas que nos desafiam e que pedem uma resposta mais definida:

a) O objetivo da interpretação – Qual é mesmo o objetivo da interpretação? É a descoberta do sentido-em-si ou do sentido-para-nós? Do sentido histórico-literal ou do sentido espiritual? O problema já é antigo, desde os tempos de Orígenes de Alexandria (185 a 254). Num discurso aos exegetas italianos, o Papa Paulo VI aludia a esse problema quando dizia aos exegetas italianos que "o intérprete não terá terminado a sua tarefa, a não ser depois de ter mostrado o alcance da Palavra de Deus para o atual momento salvífico, tanto da Igreja como do mundo"[2].

Uma coisa é o papel limitado da exegese científica propriamente dita, outra é o processo mais amplo da hermenêutica.

---

2 PAULO VI. "A locução aos professores de Sagrada Escritura – Sobre a obra da Igreja para a Interpretação da Palavra de Deus" (25/09/1970). In: Como ler e entender a Bíblia hoje. Petrópolis: Vozes, 1982, p. 12 [Textos oficiais da Igreja].

A exegese invadiu o processo da hermenêutica e o monopolizou. O Papa Paulo VI, naquele mesmo discurso aos exegetas italianos, tenta retificar as coisas. É necessário definir melhor o papel da exegese propriamente dita com relação ao objetivo mais amplo visado pela hermenêutica.

b) O sujeito da interpretação – Quem é o sujeito da interpretação da Bíblia na Igreja? É o indivíduo, o exegeta isolado com a sua ciência, ou é a comunidade? O que vem a ser exatamente o *sensus ecclesiae?* Os que mais insistem em defender a autoridade do papa na interpretação da Bíblia, correm o risco de eliminar o papel da comunidade, da Igreja. Pois eles restringem a autoridade do Magistério aos poucos textos, cujo sentido foi definido pelos papas ao longo dos séculos, e pensam ter liberdade total na explicação dos outros textos. Como integrar, no mesmo e único processo da interpretação, a ação do Espírito Santo presente na comunidade, a autoridade do Magistério e o papel imprescindível da ciência? Em que consiste, bem concretamente, o papel da comunidade de fé na interpretação da Bíblia? Como essas comunidades tão simples e tão pobres podem ajudar o exegeta na sua pesquisa científica?

c) Os critérios da interpretação – O Papa Pio XII, na *Divino Afflante Spiritu,* insiste em dois tipos de critérios: os da fé e os da ciência. O critério mais usado pelo povo das comunidades é o critério da realidade vivida hoje. A realidade atual, vivida hoje na América Latina, pode ela ser critério de interpretação da Bíblia? O Papa Paulo VI, naquele mesmo discurso aos exegetas italianos, fala da necessidade de se procurar uma conaturalidade de problemas entre a situação do povo da Bíblia e a situação do povo de hoje, para poder escutar e descobrir o sentido que Deus colocou para nós dentro da Bíblia. De que maneira uma realidade nova, latino-americana, que não existia no tempo da Bíblia, pode contribuir na descoberta do sentido dos textos antigos da Bíblia?

d) O lugar social do intérprete – Qual o lugar social, a partir do qual o intérprete cristão deve ler e explicar a Bíblia? Qualquer lugar social é bom? O "lugar social" predetermina os olhos e influi na análise que se faz das coisas e dos acontecimentos. Qual era o lugar social de onde Jesus agia e falava? Qual era o lugar social dos profetas? Qual era o lugar social de onde foi elaborada a própria Bíblia? O lugar social onde Jesus vivia e de onde lia a Bíblia não era o mesmo lugar dos doutores da Lei, mas era o lugar dos pobres. Ele dizia: "Pai, eu te agradeço, porque escondeste estas coisas aos sábios e aos doutores, e as revelaste aos pequeninos. Sim, Pai, assim foi do teu agrado!" (Mt 11,25; Lc 10,21). Os sábios devem fazer-se alunos dos pequeninos.

e) Interpretação e opção pelos pobres – Existe hoje um esforço de se explicar a Bíblia a partir dos pobres e para os pobres. Mas o processo em si da interpretação (ainda) não é dos pobres. É de gente estudada. Os pobres dificilmente terão acesso a ele. Por ora, a opção pelos pobres está presente na motivação e nos resultados. Ainda não penetrou na estrutura do próprio processo interpretativo. É possível chegar a isso? É necessário? Como deveria ser a interpretação, se levássemos a sério a opção pelos pobres e deixássemos que ela entrasse como elemento constitutivo do próprio processo da interpretação? Levanto a pergunta. Não sei a resposta.

f) Método de interpretação – Nós exegetas fomos formados no uso do método da crítica literária e histórica, nas suas várias formas. Hoje em dia, surgem métodos novos, capazes de revelar riquezas insuspeitadas dentro dos textos bíblicos. Alguns exegetas usam o método da análise sociológica. Outros preferem o método da análise linguística ou estrutural. Outros continuam usando o método em que foram formados. Outros ainda usam outros métodos. Qual o método mais adequado para que se possa chegar a descobrir melhor o que Deus nos tem a dizer a nós hoje aqui no

Brasil pelo texto da Bíblia? Quais os valores e os limites de cada método? Qual deles serve melhor para responder ao que o povo das comunidades pede dos "ministros da Palavra"?

g) A exegese patrística – Qual é exatamente a visão com que o povo das comunidades lê e interpreta a Bíblia? De que maneira a visão que os Santos Padres da Igreja tinham da Bíblia, está sendo retomada pelo povo das comunidades? Parece ser de suma importância aprofundar a exegese patrística, a fim de poder mostrar a "legitimidade" da interpretação que o povo hoje está fazendo da Bíblia. Isso serviria também para eliminar possíveis preconceitos contra a interpretação do povo por parte de alguns padres, exegetas e bispos.

h) Interpretação científica e interpretação popular – Como uma interpretação pode ajudar e fecundar a outra? No geral, os dois tipos de interpretação convivem sem muito contato nem diálogo. Ignoram-se mutuamente. E isso é em prejuízo de ambos. A exegese científica dispensa as explicações "piedosas" do povo e, por vezes, as considera como *sensus accommodatus*. O povo, por sua vez, não leva em conta a exegese científica, porque, muitas vezes, não entende aquilo que o exegeta ensina. Qual a contribuição que a interpretação do povo poderia dar para um desempenho melhor da exegese científica? Qual a contribuição da exegese científica para uma consistência maior da interpretação que o povo vem fazendo da Bíblia?

Esses foram alguns dos temas que dizem respeito ao *processo* da interpretação da Bíblia. Vou enumerar agora alguns temas que dizem respeito ao *conteúdo* da mensagem da Bíblia e que merecem um aprofundamento maior:

a) Libertação – A interpretação que o povo das comunidades faz da Bíblia situa-se numa perspectiva de libertação. Não se trata aqui de um tema a mais ao lado dos muitos outros temas bíblicos. Trata-se de um novo olhar que surge da própria Bíblia.

A dimensão *libertadora* da fé cristã, a análise da realidade em termos de opressor e oprimidos, e a incidência da mensagem do Evangelho sobre as estruturas econômicas, sociais, políticas e religiosas não são frutos de uma ideologia recente, não tem nada a ver com comunismo como alguns caluniam, mas são decorrência da fidelidade à própria Palavra de Deus.

b) Revelação – A visão que o povo das comunidades tem da revelação de Deus é a de que Deus fala é hoje por meio dos fatos da vida. Com a ajuda da Bíblia o povo descobre esses apelos de Deus que existem na vida. A revelação acontece é hoje: "Deus fala misturado nas coisas". A visão que nós padres, às vezes, temos da revelação é a de que ela se deu no passado e é conservada até hoje no depósito da fé [*depositum fidei*] da Igreja. Como combinar entre si essas duas maneiras de entender e viver a revelação de Deus?

c) Criação e salvação – Qual a relação entre a Palavra criadora e a Palavra salvadora de Deus? Conforme Santo Agostinho, a Bíblia nos foi dada para nos ajudar a "decifrar o mundo", para nos devolver o "olhar da contemplação" e a sua interpretação tem como objetivo "transformar o mundo numa grande teofania". Por isso, a dimensão política é inerente à própria Palavra de Deus. É um dado da Tradição. Não é arbitrariedade moderna. Os que, em nome da Tradição, insistem em querer separar fé e política, evangelização e transformação social, parecem ignorar a Tradição que vem desde os Santos Padres da Igreja[3].

d) Gratuidade e graça – Num mundo em que tudo se faz e se organiza a partir da eficiência, como entender a gratuidade da ação de Deus? Isso vale tanto para os que, em nome da fé, não querem mudanças, como para os que, em nome da fé, lutamos pela transformação da sociedade. Uma ação transformadora exige pla-

---

3 A expressão é de Santo Agostinho (cf. DE LUBAC, H. *Esegesi Medievale* – I quattro sensi della Scrittura. Roma: Paoline, 1962, p. 220-221).

nejamento e eficiência. Mas, ao mesmo tempo, permanece verdade que o único libertador é Deus. Só Ele! O povo das comunidades, apesar de toda a sua luta, sabe viver e celebrar a gratuidade do dom da vida e das vitórias na luta. Continua alimentando a sua caminhada na mística. Muitos, porém, na medida em que se engajam mais na luta, acham que a Igreja pouco oferece para alimentar essa luta. É porque não souberam atualizar suficientemente a mística, a oração, a gratuidade. A mística tem uma dimensão libertadora e política, como o mostra a história do passado. Há necessidade de uma nova espiritualidade.

e) Pai, Filho e Espírito Santo – Na Bíblia, o combate aos falsos deuses dos sistemas totalitários daquele tempo levou os profetas a defenderem com unhas e dentes a imagem verdadeira de Deus, chamado YHWH. Qual a imagem falsa de Deus, veiculada pelos sistemas totalitários de hoje que se dizem cristãos? Até onde essas imagens falsas estão nos olhos de nós intérpretes que explicamos a Bíblia ao povo? Qual a imagem de Deus que a Bíblia nos transmite? Qual a imagem de Jesus que mais condiz com a própria Bíblia e com as exigências da caminhada do povo das comunidades? Em que consiste exatamente a ação do Espírito Santo na Igreja e no mundo? A luz que pode vir da discussão destes temas centrais pode iluminar todo o resto.

f) Fé na ressurreição – Em que consiste para nós hoje a fé na ressurreição? É apenas uma crença na imortalidade da alma, ou é a fé de que o povo, animado pela sua fé em Jesus e pelo seu Espírito, é capaz de enfrentar e vencer a morte e as forças de morte com o mesmo poder que o Pai usou para tirar Jesus da morte? A ressurreição não entra nos esquemas da ciência, nem cabe lá dentro. Como ela pode influir sobre a análise científica da realidade e como pode animar, bem concretamente, a luta do povo na conquista dos seus direitos como filhos de Deus?

g) Ministérios – Raramente se estuda o problema dos ministérios a partir do Antigo Testamento, onde os vários "serviços" se situavam dentro do projeto global de Deus para o seu povo. Alguns textos do Novo Testamento que falam dos ministérios não são valorizados na prática atual da Igreja. Por exemplo, a afirmação: "tudo o que ligardes na terra será ligado também no céu". Essa "ordem" de Jesus ocorre em três níveis diferentes: para Pedro (Mt 16,19), para os apóstolos (Jo 20,23) e para a comunidade (Mt 18,18). Na prática atual, essa "ordem" de Jesus é reservada só para Pedro e para os apóstolos. Ninguém pensa em conferir tal poder à própria comunidade. Por quê? Merece um aprofundamento.

Esses são alguns dos temas centrais que dizem respeito ao *conteúdo* da mensagem da Bíblia e que merecem um aprofundamento maior. Tal aprofundamento ajudaria para amenizar os conflitos ou tensões internas dentro da Igreja. Pois o conhecimento da Bíblia e da Tradição, muitas vezes, está bloqueado por preconceitos que nem sempre têm fundamento na Bíblia e na Tradição.

3 Principais dificuldades

São muitas as dificuldades que ameaçam estrangular o novo que está surgindo. Na enumeração dos temas vitais já apareceram várias dificuldades. Vou enumerar mais algumas que no momento me lembro:

a) O vento que sopra – Existe uma certa prevenção por parte de alguns setores da jerarquia contra as Comunidades Eclesiais de Base. Existe o perigo de que o novo que hoje surge possa ser recuperado pela instituição que vê nas comunidades a ameaça de uma espécie de Igreja paralela. O que não corresponde à verdade. Existe uma grande falta de diálogo.

b) A formação dos padres – O novo que surge na Igreja não se enquadra nos moldes da formação recebida nos seminários.

Por isso, muitos padres sentem-se incapazes de dar ao povo o acompanhamento de que necessita. Não sabem refletir a caminhada do povo à luz da Palavra de Deus para ajudá-lo a descobrir os apelos de Deus na vida. Isso provoca um distanciamento entre os padres e o povo das comunidades, o que não é bom nem para os padres e nem para as comunidades.

c) A Bíblia dos pobres – Nos séculos passados, o povo criou a assim chamada "Bíblia dos pobres", reproduzindo as histórias bíblicas nas paredes das igrejas em forma de pinturas. Hoje, a pobreza de muitas capelas é tão grande que as suas paredes de barro não comportam pinturas. O povo das comunidades que se agarra na Palavra de Deus, muitas vezes, não sabe ler ou lê mal. Mas a Bíblia é um livro! Como fazer com que o acesso à Palavra de Deus não seja condicionado pelo acesso à ciência humana que exige saber ler e escrever para se poder entender a Palavra de Deus? Como fazer com que a fé dos "simples e pequenos" não se torne dependente da ciência dos "sábios e entendidos"?

d) A Formação de biblistas – Atualmente [i. é, 1975], mais da metade dos católicos vive na América Latina. Em torno do ano 2000, conforme as previsões, mais de três quartos dos católicos estarão vivendo na América Latina! Na realidade, os animadores do "serviço da Palavra" estão sendo formados fora da América Latina, a partir de problemas que não são os nossos. Para o novo que está surgindo poder ter continuidade e espalhar os seus frutos na Igreja toda, é urgente que se tomem providências concretas em vista da formação de biblistas aqui no Brasil, de acordo com os problemas reais que o povo está vivendo aqui. Pois uma das primeiras obrigações dos pastores é garantir a continuidade do "serviço da Palavra", como transparece nos Atos dos Apóstolos (cf. At 6,1-6).

e) Ecumenismo – Há o ecumenismo realizado em nível institucional, que tenta analisar as diferenças e os pontos em comum no modo de se professar e celebrar a fé em Jesus Cristo. Nas Comunidades Eclesiais de Base está nascendo, muito timidamente, um ecumenismo, no qual cristãos de várias denominações, em nome da sua fé comum em Jesus, se unem na defesa da vida e dos direitos humanos pisados. É assim que eles, dentro da prática, vão superando as suas diferenças. O ecumenismo em nível institucional, quando realizado nas comunidades, encontra dificuldades e resistências de ambos os lados. O ecumenismo é a pedra de toque de tudo, sobretudo quando se trata do uso, da leitura e da interpretação da Bíblia.

4
O que devo saber para poder ler a Bíblia com proveito

(em torno de 1980)

É o livro da humanidade

Palavra de Deus

Perguntas que surgem para quem lê a Bíblia

É o livro da caminhada do povo

Livro inspirado por Deus

A lista dos livros inspirados

Quem escreveu a Bíblia?

Quando foi escrita?

Onde foi escrita?

Em que língua foi escrita?

O assunto ou conteúdo da Bíblia

A semente da Bíblia

O adubo que fez crescer a semente da Bíblia

A mensagem central da Bíblia

A esperança dos profetas

A esperança dos pobres se realiza em Jesus e nas comunidades

Como ler com proveito a Bíblia?

O primeiro círculo bíblico

| A reflexão sobre a realidade, o primeiro livro de Deus para nós
| O estudo da Bíblia, o segundo livro de Deus
| A vivência comunitária da fé na ressurreição

É o livro da humanidade

Abrindo a Bíblia, você está abrindo *um dos livros mais lidos de toda a história da humanidade*. Antes de você, milhões de pessoas procuraram aqui dentro um sentido para a sua vida e o encontraram. Se não o tivessem encontrado, não nos teriam transmitido esse livro tão antigo, e já não teríamos mais interesse algum pela Bíblia. Mas o contrário está acontecendo. Só no século XX, mais de um bilhão e quinhentos milhões de exemplares da Bíblia já foram impressos e divulgados no mundo inteiro, traduzidos para bem mais de mil línguas diferentes.

Ora, um livro procurado e lido por tanta gente deve possuir um segredo muito importante para a nossa vida. Pois, o ser humano não é tão bobo assim para continuar procurando num lugar onde nada se encontra! Qual é esse segredo? Como fazer para descobri-lo?

A Bíblia é como coco de casca dura. Esconde e protege uma água que mata a sede do romeiro cansado. Romeiros e peregrinos somos todos! Cansados também! Vamos procurar o facão que nos quebre a casca deste coco!

Palavra de Deus

Em todas as épocas da história, sobretudo em épocas de crise como a nossa, voltamos a alimentar-nos da Bíblia. Pois acreditamos que esse livro tem a ver com Deus. *A fé nos diz que a Bíblia é a Palavra de Deus para nós.* "Não só de pão vive o homem, mas de toda a palavra que sai da boca de Deus" (Mt 4,4). Uma palavra tem a força e o valor daquele que a pronuncia. A palavra humana pode errar e enganar, pois o ser humano é fraco e não oferece segurança total. Mas a Palavra de Deus não erra nem engana. Ela é prego seguro e firme que sustenta a vida de quem nela se agarra e por ela se orienta. Pois "toda escritura divinamente inspirada é útil para ensinar, para repreender, para corrigir, para educar na justiça, a fim de que o homem de Deus seja perfeito e capacitado para toda boa obra" (2Tm 3,16). Assim, "pela paciência e consolação das Escrituras, permaneçamos firmes na esperança" (Rm 15,4). Esperamos que, um dia, a verdade e a justiça voltem a ser a marca de toda a palavra que sai da boca dos homens!

Perguntas que surgem para quem lê a Bíblia

A Bíblia é a Palavra de Deus. Mas em canto nenhum da Bíblia, Deus colocou a sua assinatura. Nunca ninguém viu o Espírito Santo em ação para mover alguém a escrever. Então, como foi que o povo descobriu que Deus é o autor da Bíblia? Como entender essa convicção tão profunda da nossa fé de que, quando leio a Bíblia, estou lendo ou ouvindo a Palavra de Deus para nós? *O que significa dizer que a Bíblia é a palavra inspirada de Deus?* Foi Deus mesmo que pegou caneta e papel para escrever? Como foi que surgiu a Bíblia? Qual a sua mensagem? Como a gente deve ler esse livro sagrado? Quais as regras da sua interpretação? A Palavra de Deus encontra-se tão somente na Bíblia? São muitas perguntas. Vamos tentar esclarecê-las, parte por parte.

É o livro da caminhada do povo

A Bíblia não caiu pronta do céu. Ela surgiu da terra, da vida do Povo de Deus. *Surgiu como fruto da inspiração divina e do esforço humano.* Quem a escreveu foram homens e mulheres como nós. Eles é que pegaram caneta e papel na mão e escreveram o que estava no seu coração. A maior parte deles nem tinha consciência de estar falando ou escrevendo sob a inspiração de Deus. Estavam só querendo prestar um serviço aos irmãos, em nome de Deus. Eles eram pessoas que faziam parte de uma comunidade, de um povo em formação, onde *a fé em Deus e a prática da justiça* eram ou deviam ser o eixo da vida. Preocupados em animar essa fé e em promover essa justiça, eles falavam e argumentavam para instruir os irmãos e as irmãs, para criticar abusos, denunciar desvios, lembrar a caminhada já feita e apontar novos rumos. Alguns deles chegaram a escrever, eles mesmos, as suas palavras ao povo. Outros nem sabiam escrever. Só sabiam falar e animar a fé por meio do seu testemunho de vida. As palavras desses últimos foram transmitidas oralmente, de boca em boca, durante séculos. Só bem mais tarde, outras pessoas decidiram fixá-las por escrito.

As palavras faladas ou escritas de todos esses homens e mulheres contribuíram para formar e organizar o Povo de Deus. Por isso, o povo se lembrava dessas palavras e por elas se interessou. Não permitiu que caíssem no esquecimento. Fez questão de distingui-las das palavras e gestos de tantos outros que em nada contribuíram para a formação do povo, nem para a animação da fé. Foi um longo processo. Muita gente colaborou. O povo todo se interessou.

Desse modo, a Bíblia foi surgindo do esforço comunitário de toda esse povo. Surgiu aos poucos, misturada com a história do próprio Povo de Deus. Resumindo tudo isso, a gente pode dizer:

a Bíblia nasceu da vontade do povo de ser fiel a Deus e à sua missão como Povo de Deus. Nasceu da preocupação de transmitir aos outros essa mesma vontade de ser fiel. Eles diziam: "Tais coisas aconteceram a eles como exemplo, e foram escritas para nossa instrução, a nós que vivemos no fim dos tempos" (1Cor 10,11). A Bíblia surgiu sem rótulo. Só mais tarde, aos poucos, o próprio povo descobriu aí dentro a expressão da vontade de Deus e a presença da sua Santa Palavra.

Livro inspirado por Deus

Como é que um livro que surge da vida e da caminhada do povo pode ser, ao mesmo tempo, Palavra de Deus? Um agricultor resumiu a resposta nesta frase: *"Deus fala misturado nas coisas: os olhos percebem as coisas, mas a fé enxerga Deus que nos fala!"* A ação do Espírito de Deus pode ser comparada com a chuva: cai do alto, penetra no chão, e acorda a semente que produz a planta (cf. Is 55,10-11). A planta é fruto, ao mesmo tempo, da chuva e do chão, do céu e da terra. A Bíblia é fruto, ao mesmo tempo, da ação gratuita de Deus e do esforço suado dos homens. É palavra do Deus do povo, e do Povo de Deus.

A ação do Espírito de Deus pode ser comparada com o sol: seus raios invisíveis, vindos de cima para baixo, esquentam a terra e fazem crescer as plantas de baixo para cima. Pode ser comparada com o vento que não se vê. A Bíblia é fruto do vento invisível de Deus que moveu as pessoas a agir, a falar ou a escrever. Até hoje, o Espírito de Deus nos atinge quando lemos a Bíblia. Ele nos ajuda a ouvir e a praticar a Palavra de Deus. Sem Ele, não é possível descobrir o sentido que a Bíblia tem para nós (cf. Jo 16,12-13; 14,26). O Espírito Santo não se compra nem se vende (cf. At 8,20), nem é fruto só de estudo. É um dom de Deus que deve ser pedido na oração. Jesus disse: "Será que alguém de vocês que é pai, se o filho lhe pede um peixe, em lugar do peixe lhe dará uma cobra? Ou ainda: se pede um ovo, será que vai lhe dar um escorpião? Se vocês, que são maus, sabem dar coisas boas aos filhos, quanto mais o Pai do céu! Ele dará o Espírito Santo àqueles que o pedirem" (Lc 11,11-13).

A lista dos livros inspirados

Ao longo dos séculos, o povo foi fazendo uma seleção daqueles escritos que eram considerados de grande importância para a sua caminhada. Assim surgiu uma lista de livros, reconhecidos por todos como sendo a expressão da sua fé e das suas convicções, da sua história e das suas leis, do seu culto e da sua missão. Lidos e relidos nas reuniões e nas celebrações do povo, os livros dessa lista foram adquirindo uma autoridade cada vez maior. Eram considerados o patrimônio *sagrado* do povo, que lhe revelava a vontade de Deus. Daí vem a expressão *"Escritura Sagrada"*.

Nós dizemos *lista*. Eles usavam uma palavra grega e diziam *cânon,* que quer dizer *lista* ou *norma*. Os livros *canônicos* (cânon) eram a *norma* da fé e da vida do povo. Foi essa lista de livros sagrados que, mais tarde, recebeu o nome de *Bíblia*.

A Bíblia é o resultado final de uma longa caminhada, fruto da ação de Deus que quer o bem dos homens, e do esforço dos homens que queriam conhecer e praticar a vontade de Deus. Ou seja, a Bíblia é o fruto de um mutirão prolongado do povo que procurava descobrir e praticar, escrever e transmitir para os outros a Palavra de Deus presente na vida. Vamos ver alguns aspectos desse mutirão do povo que deu origem à Bíblia.

Quem escreveu a Bíblia?

Não foi uma única pessoa que escreveu a Bíblia. Muita gente deu a sua contribuição: homens e mulheres, jovens e velhos, pais e mães de família, agricultores e operários de várias profissões; gente instruída que sabia ler e escrever e gente simples que só sabia contar histórias; gente viajada e gente que nunca saiu de casa; sacerdotes e profetas, reis e pastores, pobres e ricos, gente de todas as classes, mas todos convertidos e unidos na mesma preocupação de construir um povo irmão, onde reinassem a fé e a justiça, o amor e a fraternidade, a verdade e a fidelidade, e onde não houvesse opressor nem oprimido.

Todos deram a sua colaboração, cada um e cada uma do seu jeito. Todos foram professores e alunos, mestres e discípulos, uns dos outros. Mas aqui e acolá, a gente ainda percebe como alguns, às vezes, puxavam a brasa um pouquinho para o seu lado.

Quando foi escrita?

A Bíblia não foi escrita de uma só vez. Levou muito tempo, bem mais de 1.500 anos. Começou a ser vivida e transmitida oralmente em torno do ano de 1800 a.C., quando Abraão e Sara iniciaram a sua caminhada. Continuou a ser narrada e transmitida com mais empenho a partir do ano 1240, quando o povo foi libertado da escravidão do Egito e iniciou a sua caminhada em busca da terra prometida. O ponto-final da Bíblia só foi colocado mais de 100 anos depois do nascimento de Jesus. Aliás, é muito difícil saber quando foi que se começou a **escrever** a Bíblia. Pois, *antes de ser escrita,* a Bíblia era narrada e contada nas rodas de conversa e nas celebrações do povo. *E antes de ser narrada e contada,* ela era vivida por muitas gerações num esforço teimoso e fiel de colocar Deus na vida e de organizar a vida de acordo com a justiça.

No começo, o povo não fazia muita distinção entre narrar e escrever. O importante era contar e transmitir para os outros a consciência nascida neles a partir do contato com Deus. Faziam isso contando aos filhos os fatos mais importantes do seu passado.

Como nós decoramos a letra dos cânticos, assim eles decoravam e transmitiam as histórias e as leis, as profecias e os salmos, os provérbios e tantas outras coisas que, depois, foram escritas na Bíblia. A Bíblia nasceu da memória do povo. Nasceu da preocupação de não esquecer o passado e de não perder o rumo na vida.

Onde foi escrita?

A Bíblia não foi escrita no mesmo lugar, mas em muitos lugares e países diferentes. A maior parte do Antigo e Novo Testamento foi escrita na Palestina, a terra onde o povo vivia, por onde Jesus andou e onde nasceu a Igreja. Algumas partes do Antigo Testamento foram escritas na Babilônia, onde o povo viveu no cativeiro no século VI a.C. Outras partes do Antigo Testamento foram escritas no Egito, para onde muitos judeus emigraram depois do cativeiro. O Novo Testamento nasceu na Palestina, mas muitos dos seus livros foram escritos em outros lugares, por onde andaram os apóstolos e os evangelistas: Síria, Ásia Menor, Grécia e Itália.

Os costumes, a cultura, a religião, a situação econômica, social e política de todos esses povos deixaram suas marcas na Bíblia e tiveram a sua influência na maneira de a Bíblia apresentar a mensagem de Deus para nós.

Em que língua foi escrita?

A Bíblia não foi escrita numa única língua, mas em três línguas diferentes. A maior parte do Antigo Testamento foi escrita em *hebraico*. Era a língua que se falava na Palestina antes do cativeiro. Depois do cativeiro, o povo começou a falar o *aramaico*, muito semelhante ao hebraico. Mas a Bíblia continuava a ser escrita, copiada e lida em hebraico. Para que o povo pudesse ler e entender a Bíblia, foram criadas escolinhas nas comunidades. Jesus deve ter frequentado a escolinha de Nazaré para aprender o hebraico.

Só uma parte bem pequena do Antigo Testamento foi escrita em *aramaico*. Um único livro do Antigo Testamento, o Livro da Sabedoria, e todo o Novo Testamento foram escritos em *grego*. O grego era a nova língua do comércio que invadiu o mundo depois das conquistas de Alexandre Magno, no século IV a.C.

Assim, no tempo de Jesus, o povo da Palestina falava o *aramaico* em casa, usava o *hebraico* na leitura da Bíblia, e o *grego* no comércio e na política. Quando, depois da morte e ressurreição de Jesus, os apóstolos saíram da Palestina para pregar o Evangelho aos outros povos de língua grega, eles adotaram a tradução grega do Antigo Testamento, que tinha sido feita no Egito no século III a.C. para os judeus migrantes que viviam por lá e que já não entendiam mais o hebraico nem o aramaico. Essa tradução grega é chamada *Septuaginta* ou *Setenta*. Na época em que ela foi feita, a *lista* (cânon) dos livros sagrados ainda não estava concluída. E assim aconteceu que a lista dos livros dessa tradução grega ficou mais longa do que a lista dos livros da Bíblia hebraica.

É dessa diferença entre a Bíblia hebraica da Palestina e a Bíblia grega do Egito, que veio a diferença entre a Bíblia dos protestantes e a Bíblia dos católicos. Os protestantes preferiram a lista mais antiga e mais curta da Bíblia hebraica, e os católicos, seguindo o exemplo dos apóstolos, ficaram com a lista mais longa da tradução grega dos *Setenta*.

Há sete livros a mais na Bíblia dos Setenta, a saber: Tobias, Judite, Baruc, Eclesiástico, Sabedoria e os dois livros dos Macabeus. Às vezes, esses sete livros são chamados *deuterocanônicos*, pois são os livros da *segunda* (dêutero) *lista* (cânon). Além desses sete livros, há dois trechos nos livros de Daniel e de Ester que só ocorrem na tradução grega dos Setenta, a saber: Dn 3,24-90; 13,1–14,42; Est 10,4-16.

O assunto ou conteúdo da Bíblia

O conteúdo da Bíblia não é só doutrina sobre Deus. Na Bíblia tem de tudo: doutrina, história, provérbios, profecias, cânticos, salmos, lamentações, cartas, sermões, meditações, filosofia, romances, biografias, genealogias, poesias, parábolas, comparações, tratados, contratos, leis para a organização do povo, leis para o bom funcionamento da liturgia; coisas alegres e coisas tristes; fatos acontecidos e fatos simbólicos; coisas do passado, coisas do presente e coisas do futuro. Enfim, tudo que dá para rir e para chorar. Tem trechos na Bíblia que querem comunicar alegria, esperança, coragem e amor; outros trechos querem denunciar erros, pecados, opressão e injustiças. Tem páginas lá dentro que foram escritas pelo gosto de contar uma bela história para descansar a mente do leitor e provocar nele um sorriso de esperança.

A Bíblia parece um álbum de fotografias. Muitas famílias possuem um álbum assim ou, ao menos, têm uma caixa onde guardam as suas fotografias, todas elas misturadas, sem ordem. De vez em quando, as crianças despejam tudo na mesa para olhar e comentar as fotografias, e aí os pais têm de contar a história de cada uma delas. A Bíblia é o álbum de fotografias da família de Deus. Nas suas reuniões e celebrações, o povo olhava as suas "fotografias", e os pais contavam as histórias. Era o jeito de acolher e integrar os filhos no Povo de Deus e de transmitir-lhes a consciência da sua missão e da sua responsabilidade.

A Bíblia não fala só de Deus que vai em busca do seu povo, mas também fala do povo que vai em busca do seu Deus e que procura organizar-se de acordo com a vontade de Deus. Ela conta as virtudes e os pecados, os acertos e os enganos, os pontos altos e os pontos baixos da vida e da história do Povo de Deus. Nada esconde, tudo revela. Conta sem erro os erros que o povo cometeu. Conta os fatos do jeito que foram lembrados pelo povo. Histórias de gente pecadora que procura ser santa. Histórias de gente opressora que procura converter-se. Histórias de gente oprimida que procura libertar-se.

A Bíblia é tão variada como é variada a vida do povo. A palavra "bíblia" vem do grego e quer dizer "livros". A Sagrada Escritura tem 73 livros. É quase uma biblioteca. Poucas bibliotecas paroquiais têm a variedade dos 73 livros da Bíblia!

A semente da Bíblia

Longo e demorado foi o mutirão do povo, do qual surgiu a Bíblia. Surgiu como surgem as árvores. Elas nascem de uma semente bem pequena, escondida no chão, e crescem até esparramar os seus galhos que oferecem sombra, alimento e proteção aos pássaros. *A Bíblia nasceu de um chamado de Deus, escondido na vida do povo, e cresceu até esparramar os seus 73 galhos pelo mundo inteiro.*

O chamado de Deus que deu início ao mutirão do povo é a palavra do Deus Criador por ele dirigida a *todos* os seres humanos, pois todos somos criaturas de Deus (cf. Rm 1,20-21). Esse apelo de Deus, escondido no chão da vida, foi descoberto por Abraão, por Moisés, pelo povo oprimido no Egito. Eles deram a sua resposta e, assim, começou a nascer o Povo de Deus. Uma vez nascido o povo, eles trataram de não deixar morrer a semente. Os pais reuniam os filhos, os coordenadores reuniam a comunidade, para transmitir a seguinte mensagem que foi o primeiro credo do Povo de Deus:

> Meu pai era um arameu errante: ele desceu ao Egito e aí residiu com poucas pessoas.
> Depois tornou-se uma nação grande, forte e numerosa. Os egípcios, porém, nos maltrataram e humilharam, impondo uma dura escravidão sobre nós. Clamamos então a Javé, Deus dos nossos antepassados, e Javé ouviu a nossa voz.

Ele viu nossa miséria, nosso sofrimento e nossa opressão. E Javé nos tirou do Egito com mão forte e braço estendido, em meio a grande terror, com sinais e prodígios. E nos trouxe a este lugar, dando-nos esta terra: uma terra onde corre leite e mel (Dt 26,5-9).

Essa mensagem é como a pequena planta verde que brotou da semente. É o núcleo da fé do Povo de Deus. Uma história de libertação, da qual nasceu um compromisso mútuo! Semente bem pequena! Cabia em umas poucas frases! Todo mundo a decorou. Mas essa história foi contada e cantada, em prosa e verso, de mil maneiras, pelo povo libertado. Foi daí que nasceram os 73 livros da Bíblia, que hoje se esparramam pelo mundo inteiro, oferecendo sombra, alimento e proteção a quem o deseja. Nasceram, para que também nós possamos descobrir hoje o mesmo apelo de Deus em nossa vida e para que iniciemos também nós a mesma caminhada de libertação.

O adubo que fez crescer a semente da Bíblia

Não é qualquer chão que serve para que uma árvore possa crescer. O canteiro, onde a semente da Bíblia criou raízes e de onde lançou os seus 73 galhos em todos os setores da vida, foram as celebrações do povo oprimido, ansioso de se libertar e de crescer como gente na presença de Deus.

A maior parte da Bíblia, que começava a ser usada nas celebrações, foi colecionada e escrita por sacerdotes e levitas, os responsáveis pela celebração do povo. O ambiente que marcou o nascimento da Bíblia foram as celebrações, as romarias e as peregrinações, os santuários com as suas procissões, as festas e as celebrações da Aliança, o Templo e as casas de oração (sinagogas), os sacrifícios e os ritos, os salmos e os cânticos, a catequese em família e o culto semanal, a oração e a vivência diária da fé.

O coração da Bíblia é a celebração do povo! Mas não qualquer celebração. Não qualquer culto. É o culto ligado à vida, onde o povo se reunia para ouvir a Palavra de Deus e cantar as suas maravilhas; onde tomava consciência da opressão em que vivia ou que ele mesmo impunha aos irmãos; onde ele fazia penitência, mudava de mentalidade e renovava o seu compromisso de viver como um povo irmão; onde reabastecia a sua fé e alimentava a sua esperança; onde celebrava as suas vitórias e agradecia a Deus pelo dom da vida.

É também na celebração que deve estar o coração da interpretação da Bíblia. Sem esse ambiente de fé e de oração e sem essa consciência bem viva da opressão que existe no mundo, não é possível agarrar a raiz de onde brotou a Bíblia, nem é possível descobrir a sua mensagem central.

A mensagem central da Bíblia

Qual é, em poucas palavras, a mensagem central da Bíblia? A resposta não é fácil, pois ela nasceu e até hoje depende da vivência. Se você gosta de uma pessoa e alguém pergunta: "Qual é, em poucas palavras, a mensagem dessa pessoa querida para a sua vida?", aí não é fácil responder. Pois, o resumo da pessoa amada é o seu nome! Basta você ouvir, lembrar ou pronunciar o nome, e esse nome lhe traz à memória tudo o que a pessoa amada significa para você. Não é assim? Pois bem, o resumo da Bíblia, a sua mensagem central, é o nome de Deus!

O nome de Deus é *YHWH* (Javé, Yahweh), cujo sentido o próprio Deus, ele mesmo, revelou e explicou ao povo (cf. Ex 3,14). *YHWH* significa *Emanuel, Deus conosco. É* Deus presente no meio do seu povo para libertá-lo. Deus quer ser *YHWH, presença libertadora no meio de nós!* E ele deu provas bem concretas de que esta é a sua vontade. A primeira prova foi a libertação do Egito.

A última prova foi e continua sendo a ressurreição de Jesus, chamado *Emanuel, Deus-conosco* (cf. Mt 1,23). Pela ressurreição de Jesus, Deus venceu as forças da morte que mataram Jesus, e abriu para nós o caminho da vida. E na celebração da Eucaristia nós repetimos todos os dias, inúmeras vezes: *"Ele está no meio de nós!"*

Por tudo isso é difícil resumir em poucas palavras aquilo que o nome de Deus evocava na mente, no coração e na memória do povo por Ele libertado. Só mesmo o próprio povo, que vive e celebra a presença libertadora de Deus no seu meio, pode avaliá-lo corretamente.

O nome *YHWH* ocorre mais de seis mil vezes só no Antigo Testamento! O próprio Deus falou: "Este é o meu nome para sempre! Sob esse nome quero ser invocado, de geração em geração!" (Ex 3,15). É Ele que quer ser *Deus-conosco!* Faz um bem tão grande você ouvir, lembrar ou pronunciar o nome da pessoa amada. Aquilo ajuda tanto na vida! Dá força e coragem, consola e orienta, corrige e confirma. Um nome assim não pode ser usado em vão! Seria uma blasfêmia usar o nome de Deus para justificar a opressão do povo, pois *YHWH* significa Deus libertador! Por isso, diz o mandamento de Deus: "Não pronuncie em vão o nome de YHWH seu Deus, porque Javé não deixará sem castigo aquele que pronunciar o nome dele em vão" (Ex 20,7).

O nome *YHWH* é o centro de tudo. Inúmeras vezes Deus o confirma: "Eu quero ser *YHWH* para vocês, e vocês devem ser o meu povo!" Ser o povo de *YHWH* significa: ser um povo onde não há mais a opressão como havia no Egito; onde o irmão não explora o irmão; onde reinam a justiça e o direito, a verdade e a Lei dos Dez Mandamentos; onde o amor a Deus é igual ao amor ao próximo. Esta é a mensagem central da Bíblia; é o apelo que o nome de Deus faz a todos aqueles que querem pertencer ao seu povo.

A esperança dos profetas

Caindo e levantando, o povo foi caminhando, procurando ser o Povo de Deus e buscando atingir para si e para os outros os bens da promessa divina. Muitas vezes, porém, esquecia o chamado de Deus e se acomodava. Em vez de servir a Deus, queria que Deus servisse ao projeto que eles mesmos inventavam. Invertiam a situação. Era nessas horas que surgiam os profetas para denunciar o erro e para anunciar de novo a vontade de Deus ao povo.

A Bíblia conserva as palavras de quatro profetas chamados *Maiores*: Isaías, Jeremias, Ezequiel, Daniel, e de doze profetas *Menores: Oseias, Joel e Amós, Abdias, Jonas e Miqueias, Naum, Habacuc e Sofonias, Ageu, Zacarias e Malaquias.* Além desses, muitos outros profetas são mencionados na Bíblia. O maior deles foi o Profeta Elias. Também havia as profetisas: Hulda, profetisa no tempo de Jeremias, a Profetisa Miriam, a irmã de Moisés (Ex 15,20), Débora, a juíza (Js 4,4), a esposa do Profeta Isaías (Is 8,3), a Profetisa Noadias, do tempo de Neemias, depois do exílio (Ne 6,14), a Profetisa Ana, uma viúva de 84 anos de idade, que estava no Templo, quando Maria e José aí chegaram para oferecer o Menino Jesus a Deus (Lc 2,36). No Apocalipse aparece uma falsa profetisa que seduzia o povo (Ap 2,20).

Os profetas e profetisas, cujos nomes, gestos e palavras foram conservados, são como flores. Elas supõem um chão, uma semente e uma planta. O chão, a semente e a planta desses profetas e profetisas são as famílias, as comunidades que lhes transmitiram a fé (cf. 2Tm 1,5); são os inúmeros profetas locais, cujos nomes foram esquecidos. É como hoje. Os grandes profetas são conhecidos no país inteiro, mas eles só puderam surgir graças às pessoas anônimas das suas famílias e comunidades que lhes transmitiram a fé: as mães, as avós.

Criticando e denunciando as falhas constantes do povo, desviado da sua missão por seus falsos líderes, os profetas começaram a alimentar no povo uma nova esperança. Diziam: no futuro, o projeto de Deus será realizado por meio de um enviado especial, um novo líder, fiel e verdadeiro, ungido por Deus. Em português dizemos *Ungido*; em grego diziam *Cristo*; em hebraico diziam *Messias*.

Foi essa esperança maior, alimentada pelos profetas, que sustentou o resto fiel do Povo de Deus e o ajudou a superar as duras crises da sua caminhada. O resto fiel eram sobretudo os pobres que punham sua esperança unicamente em Deus. "Deixarei em teu meio um povo humilde e pobre, um resto de Israel, que procurará seu refúgio no nome YHWH" (Sf 3,12). Como a mãe enfrenta as dores do parto, porque tem amor à vida nova que ela carrega dentro de si, assim os pobres enfrentavam as dores da caminhada, porque tinham amor às promessas divinas que eles carregavam dentro de si. Eles acreditavam na vida nova que delas haveria de surgir para todos os homens. Essa vida nova chegou, finalmente, em Jesus o Messias.

A esperança dos pobres se realiza em Jesus e nas comunidades

Para realizar a missão do Messias, Deus não mandou qualquer um. Mandou o seu próprio Filho! Jesus, o Filho de Deus, realizou a promessa do Pai, trouxe a libertação para o povo e anunciou a Boa-nova do Reino aos pobres. "Assim Deus amou o mundo, que entregou o seu Filho único, para que todo o que nele acredita não morra, mas tenha a vida eterna" (Jo 3,16).

A pregação de Jesus não agradou a todos. Os doutores da Lei e os fariseus, os saduceus e os sacerdotes imaginavam a vinda do Reino como uma simples inversão da situação, sem mudança real no relacionamento entre as pessoas e entre os povos. Eles, os judeus, dominados pelos romanos, ficariam por cima e seriam o povo eleito acima dos outros povos, e os que estavam por cima ficariam por baixo.

Mas não era assim que Jesus entendia o Reino do Pai. Ele queria uma mudança radical. Para ele, o Povo de Deus tinha de ser um povo irmão e povo servidor, e não um povo dominador a ser servido pelos outros povos (cf. Mt 20,28). "Pois o Filho do Homem não veio para ser servido. Ele veio para servir e para dar a sua vida como resgate em favor de muitos" (Mc 10,45).

Iniciando essa mudança, Jesus colocou-se do lado dos pobres, marginalizados pelo sistema do Império Romano e pelas leis e normas da religião dos fariseus e doutores da Lei. Ele denunciou esse sistema como contrário à vontade do Pai e convocava a todos para mudarem de vida: "Esgotou-se o prazo, o Reino de Deus está próximo. Mudem de vida e acreditem na boa notícia" (Mc 1,15). Mas os grandes não o quiseram. O que era boa notícia para os pobres era má notícia para os grandes, pois Jesus exigia que eles abandonassem os seus privilégios injustos e as suas ideias de grandeza e de poder. Eles preferiram as suas próprias ideias, rejeitaram o apelo de Jesus e o mataram na cruz com o apoio dos romanos.

Foi aí que o Pai mostrou de que lado ele estava. Usando o seu poder criador ressuscitou Jesus. Animados por esse mesmo poder de Deus que vence a morte, os seguidores de Jesus, os primeiros cristãos, organizaram a sua vida em pequenas comunidades, viviam em comunhão fraterna, tinham tudo em comum e já não havia mais necessitados entre eles (cf. At 2,42-44). Era o jeito de eles anunciarem a Boa-nova do Reino de Deus que Jesus nos revelou.

A vida nova, prometida no Antigo Testamento e trazida por Jesus, apareceu aos olhos de todos na vida dos primeiros cristãos. Vivendo a Boa-nova de Deus, eles se tornaram "a carta de Cristo, reconhecida e lida por todos os homens" (cf. 2Cor 3,2-3). Na vida comunitária dos primeiros cristãos, sustentada pela fé em Jesus, vivo no meio deles, apareceu uma amostra do projeto que o Pai tinha em mente quando chamou Abraão e quando decidiu libertar o seu povo do Egito.

Jesus trouxe a chave para o povo poder entender o sentido verdadeiro da longa caminhada do Antigo Testamento. Os primeiros cristãos, usando essa chave, conseguiram abrir a porta da Bíblia para poder entender e realizar a vontade do Pai. O Antigo Testamento é o botão, o Novo Testamento é a flor que nasceu do botão. Um se explica pelo outro. Um sem o outro não se entende. Como eles, também nós devemos reler a nossa história à luz de Jesus. Com a ajuda da Bíblia, tentar descobrir dentro da nossa vida a presença de Deus, desde o seu começo.

Como ler com proveito a Bíblia?

A experiência da ressurreição, vivida em comunidade, foi o grande estalo que iluminou os olhos e revelou aos cristãos o sentido da Bíblia e da vida. A história dos discípulos de Emaús mostra como devemos ler e interpretar a Bíblia. Jesus aparece aí como o intérprete da Bíblia e da vida.

No dia de Páscoa, dois discípulos andavam pela estrada de Emaús, Jesus caminhava com eles, mas eles não o reconheceram (cf. Lc 24,13-16). Faltava a luz nos olhos. Faltava a experiência da ressurreição. Quando, finalmente, o reconheceram na partilha do pão, Jesus desapareceu (cf. Lc 24,30-31). Desapareceu porque entrou para dentro deles, e eles mesmos ressuscitaram. Venceram o desânimo e voltaram para Jerusalém, onde estavam os poderosos que, matando Jesus, tinham matado neles a esperança. Mas eles já não os temiam, pois entrou neles a força maior, a força da vida que vence a morte.

A Bíblia teve um papel muito importante nessa transformação que se operou nos dois discípulos. Jesus usou a Bíblia não tanto para enriquecer os dois com ideias bonitas, mas muito mais para suscitar neles aquela mudança do medo para a coragem, do desespero para a esperança, da separação para o reencontro, da morte para a vida. Vale a pena a gente ver de perto o jeito como Jesus usou a Bíblia. Ele serve de modelo para nós.

O primeiro círculo bíblico

Na conversa de Jesus com os discípulos aparecem os três pontos que devem estar sempre presentes na leitura e na interpretação que nós fazemos da Bíblia (Lc 24,13-35).

1) *Reflexão sobre a realidade* (cf. Lc 24,13-24) – A primeira coisa que Jesus faz é aproximar-se dos dois, caminhar com eles, escutar a conversa e perguntar: "O que vocês andam conversando pelo caminho?" (Lc 24,17). Jesus soube criar um ambiente de conversa e, com muito jeito, levou os dois a falar dos problemas que eles estavam sentindo. Na conversa apareceu toda a realidade: a tristeza, o desânimo, **a** frustração dos dois, a falsa esperança de um messias glorioso, a decisão dos poderosos de condenar Jesus, a cruz e a morte de Jesus; apareceu a conversa das mulheres que provocou neles espanto; apareceu a incapacidade dos dois em acreditar nos pequenos sinais de esperança.

2) *Leitura da Bíblia* (Lc 24,25-27) – Jesus usou a Bíblia não para interpretar e ensinar a Bíblia, mas para com a ajuda da Bíblia interpretar os fatos da vida e animar os dois discípulos. Fez ver que eles estavam errados na sua maneira de explicar os fatos e mostrou, *com a luz da Bíblia,* que os fatos não estavam escapando da mão de Deus. Jesus soube encontrar aqueles textos de Moisés e dos profetas que pudessem trazer alguma luz para a situação de tristeza e mudar as ideias erradas que eles tinham na cabeça.

Jesus não teve medo de criticar interpretações erradas da Bíblia. Pois o texto bíblico tem um sentido certo que deve ser respeitado, para evitar que se manipule o texto em favor das próprias ideias, como alguns judeus faziam.

3) *Vivência comunitária da fé na ressurreição (Lc 24,28-35)* – Jesus andou com eles, conversou, criou um ambiente de abertura e teve a paciência de escutá-los. Falando da vida e da Bíblia, agradou tanto, que o coração dos dois esquentou: "Não estava o nosso coração ardendo quando ele nos falava pelo caminho e nos explicava as Escrituras?" (Lc 24,32). Mas a Bíblia, ela sozinha, não abriu os olhos. Apenas esquentou o coração. O que abriu os olhou foi a partilha, o gesto comunitário. Eles chegaram a Emaús e convidaram Jesus para ficar e jantar com eles. Jesus aceitou o convite, ficou com eles, sentou-se à mesa, rezou com eles e fez a partilha do pão. Foi aí que os olhos se abriram e eles reconheceram Jesus. Jesus não só falou, mas colocou gestos bem concretos de amizade. Ora, é nesse ambiente da comunidade, onde se procura viver como irmão, que os olhos se abrem e que se faz a experiência da ressurreição, do Cristo vivo no meio de nós; a experiência de YHWH, o Deus libertador (cf. Lc 24,28-32).

Quando esses três elementos estão presentes na interpretação da Bíblia, aí a Bíblia atinge o seu objetivo e acontece o milagre da mudança: os discípulos descobrem a força da Palavra de Deus presente nos fatos, começam a praticá-la e tudo se transforma: os olhos se abrem, as pessoas mudam; a cruz, vista como sinal de morte e de desespero, torna-se sinal de vida e de esperança; o medo desaparece, a coragem reaparece; as pessoas se unem, se reencontram e começam a partilhar entre si a sua experiência de ressurreição; os poderosos que oprimem e matam já não causam desânimo; os dois discípulos começam a reler a sua própria caminhada e descobrem que tudo começou quando Jesus falava com eles sobre a vida e sobre a Bíblia; a fé se afirma, a esperança se renova e o amor abre novos caminhos (cf. Lc 24,33-35).

A reflexão sobre a realidade, o primeiro livro de Deus para nós

Interpretar a Bíblia, sem olhar a realidade da nossa vida, é o mesmo que manter o sal fora da comida, a semente fora da terra, a luz debaixo da mesa. É como galho sem tronco, olhos sem cabeça, rio sem leito.

Pois a Bíblia não é o primeiro livro que Deus escreveu para nós, nem o mais importante. O primeiro livro é a vida, a natureza, criada pela Palavra de Deus. O primeiro livro são os fatos, os acontecimentos, a história, tudo que existe e acontece na vida do povo. O primeiro livro de Deus é a realidade que nos envolve. Deus quer comunicar-se conosco por meio da vida que vivemos. Por meio dela, Ele nos transmite a sua mensagem de amor e de justiça (cf. Rm 1,20).

Mas nós, descendentes de Adão e Eva, por causa dos nossos desvios e pecados, organizamos o mundo de tal maneira e criamos uma sociedade tão torta, que já não é mais possível perceber claramente a voz de Deus nesta vida que vivemos. Por isso, Deus escreveu um segundo livro, que é a Bíblia. O segundo livro não veio substituir o primeiro livro. A Bíblia não veio ocupar o lugar da vida. A Bíblia foi escrita para nos ajudar a entender melhor o sentido da vida e perceber a presença da Palavra de Deus dentro da realidade da nossa vida. Ela nasceu daquela descoberta tão simples e tão frequente: "Foi Deus! Não foi?"

Santo Agostinho resumiu tudo isso da seguinte maneira: a Bíblia, o segundo livro de Deus, foi escrita para nos ajudar a decifrar o mundo, para nos devolver o olhar da fé e da contemplação, e para transformar toda a realidade numa grande revelação de Deus.

Por isso, quem lê e estuda a Bíblia, mas não olha a realidade do povo oprimido nem luta pela justiça e pela fraternidade, é infiel à Palavra de Deus e não imita Jesus. Ele é semelhante a alguns fariseus que conheciam a Bíblia de cor e salteado, mas não a praticavam. Esconderam a chave (cf. Lc 11,52).

O estudo da Bíblia, o segundo livro de Deus

O estudo da Bíblia deve ser feito com muita seriedade e disciplina. Considere a leitura que você faz da Bíblia como uma conversa sua com Deus. Ora, quando a gente conversa com alguém, deve tomar as palavras do outro do jeito que elas são ditas por ele. Eu não posso colocar as minhas ideias dentro das palavras do outro. Isso seria uma falta de honestidade. Não posso tirar do texto sentido algum, a não ser aquele que está dentro do texto. Convém ser severo e exigente consigo mesmo nesse ponto. Nunca manipular o texto em favor das minhas próprias ideias!

Mas um texto pode ser lido com duas mentalidades: com a mentalidade avarenta de um pão-duro ou com a mentalidade generosa de um mão-aberta. Devemos ser generosos e não avarentos na interpretação da Bíblia. Isso quer dizer: ler não só nas linhas, mas também nas entrelinhas. Em todos os textos sempre há duas coisas: as coisas ditas abertamente nas linhas, e as coisas ditas veladamente nas entrelinhas. As duas vêm do autor do texto, e as duas são igualmente importantes.

Antes de qualquer reflexão ou pergunta sobre o sentido do texto, há uma pergunta a ser feita sobretudo quando a gente lê e medita o texto em grupo, em comunidade. Após a leitura do texto e após um breve silêncio para deixar o texto penetrar dentro da gente, a primeira pergunta é esta: *Qual o ponto neste texto de que você mais gostou e que mais chamou a sua atenção? Por quê?* Aí cada um vai poder dizer uma palavra e partilhar sua opinião com os outros.

Em seguida, para descobrir o que o autor diz ou sugere nas linhas e nas entrelinhas, usando a inteligência, o coração e a imaginação, podemos fazer algumas das seguintes perguntas: (1) Quem é que está falando no texto e para quem? (2) O que ele está querendo dizer e por quê? (3) Em que situação ele está falando ou escrevendo e qual o jeito que ele usa para dar o seu recado? (4) Qual o ambiente que ele cria por meio das suas palavras e qual o interesse que ele defende? Essas e outras perguntas ajudam a gente a puxar a cortina e perceber o que existe nas entrelinhas do texto bíblico.

Além disso, as introduções de cada livro da Bíblia, as notas ao pé das páginas, as referências para outros textos bíblicos, os mapas geográficos e os vocabulários bíblicos foram feitos para ajudá-lo na descoberta do sentido certo e exato do texto. E aqui convém lembrar o seguinte: nadar se aprende nadando. O conhecimento da Bíblia se adquire por meio de uma prática constante de leitura, se possível diária.

A vivência comunitária da fé na ressurreição

Este ponto, muitas vezes esquecido, é muito importante. É como a caixa de ressonância de um violão. Sem a caixa, as cordas das palavras bíblicas não produzem a música de Deus no coração do leitor, da leitora. Como criar essa caixa de ressonância da interpretação da Bíblia?

1) Jesus soube criar um ambiente de amizade e de abertura caminhando com os dois discípulos na estrada de Emaús. Este é o primeiro passo: criar um ambiente de amizade e de abertura entre as pessoas, não para esconder os problemas da vida atrás de um sorriso, mas para poder discuti-los e enfrentá-los juntos, mesmo de noite, na escuridão.

2) A Bíblia surgiu da caminhada de um povo oprimido que, apoiado na promessa de Deus, buscava a sua libertação. A sua interpretação deve ser feita a partir do povo crente e oprimido que hoje busca a sua libertação. A interpretação não pode ser neutra, nem pode ser feita separada da vida e da história do nosso povo. Ela deve ser o fermento de Deus nesse processo de "conversão" e de mudança da morte para a vida, do medo para a coragem, do desespero para a esperança, da opressão para a liberdade, que hoje marca a vida das nossas comunidades.

3) A Bíblia nasceu dentro de uma comunidade de fé, e é com o olhar de fé da comunidade que pode ser entendida plenamente a sua mensagem. Esse olhar não se compra com dinheiro. Adquire-se, vivendo na comunidade, participando da sua caminhada. Mesmo quando leio a Bíblia sozinho, devo lembrar que estou lendo o livro da comunidade. A Bíblia não é propriedade privada de ninguém. Ela foi entregue aos cuidados do Povo de Deus, para que este possa realizar a sua missão libertadora e revelar aos olhos de todos a presença do Deus vivo e verdadeiro.

4) A Bíblia é Palavra de Deus para nós. Por isso, a sua leitura deve ser feita com a convicção de fé de que Deus nos fala por meio da Bíblia. E Ele fala não para que nós nos fechemos no estudo e na leitura da Bíblia, mas para que, pela leitura e pelo estudo da Bíblia, possamos descobrir a palavra viva de Deus dentro da vida e da história da nossa comunidade e do nosso povo.

5) A interpretação da Bíblia não depende só da inteligência e do estudo, mas também do coração e da ação do Espírito Santo. A única maneira de conseguir o dom do Espírito é pedi-lo na oração (Lc 11,13). O Espírito de Jesus deve ter a oportunidade de falar a nós quando lemos a Bíblia. Por isso, além do estudo e da troca de ideias, a leitura da Bíblia deve ter os seus momentos de silêncio e de oração, de canto e de celebração, de troca de experiências e de vivências.

5
Desafios e luzes da leitura popular da Bíblia

Uma antiga visão renasce e faz da
Bíblia um livro novo e atual

Introduzindo o assunto
1 Olhando os desafios que hoje dificultam a leitura da Bíblia
2 Olhando de perto a leitura popular da Bíblia
3 Comparando a leitura popular com outras leituras da Bíblia
Concluindo

Introduzindo o assunto

Nesta reflexão vou falar da leitura e da interpretação da Bíblia que está acontecendo nas Comunidades Eclesiais de Base nos últimos 50 a 60 anos. Vou tentar compará-la: (1) Com a leitura da Bíblia que transparece na própria Bíblia; (2) Com as visões globais da história do Povo de Deus; (3) com a literatura sapiencial que soube valorizar o humano; (4) com o método de Jesus no caminho de Emaús; (5) com os primeiros cristãos que mantinham firme a ligação entre Antigo e Novo Testamento; (6) com a leitura que o Evangelho de João faz da passagem do Antigo para o Novo Testamento; (7) com o método dos Santos Padres na interpretação da Bíblia; (8) com os quatro degraus da *lectio divina*; (9) com a leitura feita pelo Magistério da Igreja no documento *Dei Verbum*; (10) com a exegese científica do último século.

Na interpretação popular da Bíblia aparecem pontos de luz que se assemelham com aqueles rios que o povo chama de *sumidouro*. São rios que desaparecem no chão, mas continuam correndo debaixo da terra para reaparecer mais adiante em outro lugar. Alguns aspectos fundamentais da interpretação da Bíblia, que estavam meio desaparecidos na nossa exegese, estão reaparecendo lá na base, onde o povo se reúne em torno da Palavra de Deus nas comunidades.

A exegese científica, nascida na Europa, trouxe uma nova visão que colocou a Bíblia no seu contexto de origem. Ela ajuda muito a enfrentar os desafios da realidade de hoje que dificultam a leitura e a compreensão da mensagem da Bíblia. Com a contribuição da exegese científica, muita coisa ficou mais clara e mais aceitável. Muita gente retomou a Bíblia com interesse redobrado.

Essa *nova* visão sobre o livro *antigo* da Bíblia mostra como a fé era vivida no passado, na época do povo da Bíblia. Na leitura que o povo das comunidades faz da Bíblia, renasce uma *antiga* visão que faz da Bíblia um livro *novo* e atual. A leitura da Bíblia está ajudando o povo a perceber onde e como Deus fala hoje nos fatos da vida. As duas leituras são necessárias e se completam, mutuamente. Esse será o assunto desta reflexão.

1 Olhando os desafios que hoje dificultam a leitura da Bíblia

1 A nova visão do mundo e do universo
2 Influência dos meios de comunicação
3 A visão patriarcal da vida
4 A variedade das interpretações da Bíblia
5 A imagem de Jesus que temos dentro de nós
6 O "fundamentalismo"

Trata-se dos desafios da realidade que nos envolvem e que, direta ou indiretamente, influem na leitura e na interpretação que o povo faz da Bíblia. Eis alguns desses desafios:

1 A nova visão do mundo e do universo

A visão do mundo, que a ciência hoje nos comunica, ensina que a terra é um pequeno planeta ao redor do sol, e que o sol é uma estrela de segunda categoria na periferia da nossa galáxia que tem em torno de 100 bilhões de estrelas. Além da nossa galáxia, existem outras 100 bilhões ou mais galáxias. Essa informação da ciência está em contraste total com a visão do mundo que transparece na Bíblia, onde a terra é o centro de tudo e onde o sol e as estrelas, são lâmpadas que Deus colocou no céu para iluminar o dia e a noite. A ciência calcula que o universo existe há mais de 13 bilhões de anos. A Bíblia diz que o universo foi feito em seis dias. São duas visões bem diferentes.

Como evitar que as descobertas da ciência levem as pessoas ao descrédito com relação à Bíblia? Como evitar que a visão moderna do universo nos leve a perder a beleza e a profundidade da mensagem das histórias e símbolos da Bíblia? Como e o que fazer para conservar a beleza e a profundidade das mensagens bíblicas, mantendo na íntegra as conclusões da ciência?

2 Influência dos meios de comunicação

As novelas, as missas na TV, os teatros e filmes na Semana Santa, as roupas com que as pessoas da Bíblia aparecem nas pinturas e nas encenações, tudo isso, querendo ou não, distancia as histórias da Bíblia do nosso hoje. Impossível você apresentar Jesus vestido com calça e camiseta da roupa masculina do século XXI, e a mãe de Jesus com a saia das moças de hoje. Seria um choque. Levaria muita gente a rejeitar tal apresentação.

Fica o desafio muito sério: como fazer brilhar a luz que nasce da ligação estreita entre Bíblia e vida, mantendo as diferenças da cultura, dos costumes e das práticas religiosas que existem entre o povo do tempo da Bíblia e o povo que hoje lê a Bíblia aqui no Brasil?

3 A visão patriarcal da vida

A visão patriarcal da vida que transparece na Bíblia, e um certo machismo que aparece em várias histórias e textos da Bíblia, marcaram durante séculos o modo de pensar do povo cristão. Há pessoas que conseguem viver ao mesmo tempo nesses dois mundos. Sabem tudo a respeito das descobertas da ciência sobre a origem e a evolução do universo e da humanidade, mas acreditam que o dilúvio e o paraíso terrestre aconteceram, ao pé da letra, do jeito que a Bíblia os descreve.

Tais pessoas vivem em dois mundos diferentes, opostos entre si. Elas correm o perigo de perder a capacidade crítica, tanto em relação à Bíblia, como em relação à realidade de hoje, e aí já não percebem a luz que nasce da ligação entre Bíblia e vida, entre o ontem e o hoje.

4 A variedade das interpretações da Bíblia

No Brasil, uma grande maioria do povo não tem costume de leitura. Além disso, em muitos lugares é difícil o acesso aos meios de leitura: jornais, revistas, livrarias. Mas hoje todos ou quase todos têm rádio, celular e televisão. Aqui está um dos maiores desafios.

Hoje, o que mais se divulga são as opiniões das várias religiões sobre a Bíblia. A TV Record, a TV Canção Nova, a TV Globo, a TV Aparecida, cada uma tem a sua maneira de ler e de transmitir as histórias da Bíblia. Como ajudar a discernir as coisas e a evitar que tudo se relativize? Quais os critérios para ajudar as pessoas a discernir e a não se acomodar na massificação?

5 A imagem de Jesus que temos dentro de nós

Todos nós temos uma imagem de Jesus na cabeça e no coração, que foi entrando em nós, desde os primeiros anos da nossa vida, ouvindo as avós e as mães contarem as histórias sobre Jesus. É uma imagem que vem da tradição oral e que se formou ao longo dos anos, transmitida pelas imagens nas paredes das casas e das igrejas, pelas orações, pelos sermões dos padres, pela arte, pelas histórias da Bíblia que as catequistas contavam para nós. Sem nos dar conta, essa imagem de Jesus influi nas coisas que lemos ou ouvimos a respeito de Jesus em casa, na igreja, na escola ou na rua.

O desafio é este. De vez em quando, é bom a gente se perguntar: "Como é que eu imagino Jesus? Qual a imagem de Deus que existia em mim quando eu era criança: um Deus que me fazia medo ou um Deus amigo? Mudou alguma coisa em mim depois que comecei a participar da comunidade? O que mudou, como mudou e por que mudou? Como a leitura popular da Bíblia está ajudando as pessoas a aprofundarem em si a imagem de Deus e de Jesus?

6 O "fundamentalismo"

Na nossa linguagem a palavra *fundamentalismo* tem uma conotação negativa. Dizer "*Fulano é um fundamentalista*" não é elogio algum. A palavra sugere uma forma duvidosa de se buscar os *fundamentos* da vida. Existem muitas formas de se buscar os fundamentos. Nem todas ajudam. Algumas ajudam, outras atrapalham, e muito!

A política desumana do *apartheid* contra o povo negro na África do Sul era baseada numa leitura fundamentalista da Bíblia. A destruição de grande parte da religião e da cultura dos povos indígenas da América Latina no século XVI estava baseada numa leitura fundamentalista do Livro de Josué. Anos atrás, o fundamentalismo levou um judeu, após a leitura do Livro de Ester, a matar uma dezena de muçulmanos em Hebron, junto ao túmulo de Abraão e Sara. Ao longo dos séculos, o fundamentalismo levou os cristãos a criarem a Inquisição que levou à morte de centenas de pessoas na fogueira. Hoje, o fundamentalismo leva jovens muçulmanos a transformar-se em bombas vivas para matar os outros em atentados terroristas suicidas. Muitas guerras, tanto no passado como no presente, nasceram e continuam nascendo de uma leitura fundamentalista dos textos sagrados, tanto da Bíblia como do Alcorão.

Esses poucos exemplos mostram como a atitude fundamentalista tem uma influência profunda sobre a leitura que o povo faz da Bíblia, sobre o comportamento moral das pessoas, sobre a política e a transformação social. Mostra também como é importante uma correta busca dos fundamentos da fé, para que se possa sair dos impasses da história e descobrir um novo horizonte de esperança e de segurança. *Como buscar e encontrar os fundamentos verdadeiros da vida?* Esse é o maior desafio, pois trata da chave que faz aparecer a iluminação mútua entre Bíblia e vida.

A passagem pela "noite escura", de que fala São João da Cruz, representa a descoberta dolorosa de que a imagem, que a pessoa se fazia de Deus, não era Deus, não era um *fundamento* verdadeiro, mas apenas uma miragem falsa.

2 Olhando de perto a leitura popular da Bíblia

1 O ponto de partida: uma nova maneira de perceber a ação de Deus na vida.

2 O critério básico que mais influi e menos aparece: Deus-conosco

3 Consciência nova: "Nosso livro, escrito para nós!"

4 Novo Contexto, novo sujeito

5 O sentido que se procura na Bíblia

Hoje está acontecendo algo semelhante ao que estava acontecendo no tempo de Jesus. Certa vez, percebendo que o povo entendia a sua mensagem, Jesus "se alegrou no Espírito Santo, e disse: "Eu te louvo, Pai, Senhor do céu e da terra, porque escondeste essas coisas aos sábios e inteligentes, e as revelaste aos pequeninos. Sim, Pai, porque assim foi do teu agrado" (Lc 10,21; cf. Mt 11.26). Em que consistia o novo que o povo entendia e que os sábios e os inteligentes não entendiam? Será que era uma teoria nova dos sábios? Jesus chegou a dizer que os sábios tinham roubado a chave da Escritura (Lc 11,52). Hoje, assim penso, acontece algo semelhante e a gente pergunta a mesma coisa: "O que é que a leitura que o povo das comunidades faz da Bíblia tem a oferecer para a exegese? É a pergunta que não sai de mim.

Eis alguns pontos que caracterizam a interpretação que o povo faz da Bíblia e que merecem uma atenção bem maior:

1 O ponto de partida: uma nova maneira de perceber a ação de Deus na vida

Nas comunidades, a Bíblia é acolhida pelo povo como *Palavra de Deus*. Essa fé já existia antes de nós chegarmos para falar ao povo sobre a Bíblia. Sem essa fé, todo o nosso método teria de ser diferente. O método ver-julgar-agir, usado durante muitos anos pela JOC e pela JUC, teve uma influência muito grande no jeito de o povo das comunidades ler a Bíblia e perceber a ação de Deus na vida. Esse método melhorou a visão que tínhamos da revelação de Deus. Nesse método, procura-se, primeiro, **ver** a realidade, a situação do povo. Em seguida, com a ajuda da Bíblia, procura-se **julgar** ou iluminar essa situação. Assim, a fala ou a revelação de Deus vem dos fatos iluminados pela Bíblia. E são esses fatos, enquanto iluminados pela Palavra de Deus, que motivam as pessoas a **agir** de acordo com a vontade de Deus e a celebrar de maneira nova a presença de Deus no meio de nós. Levam o povo a dizer sempre aquela mesma descoberta confortadora: "Foi Deus! Não foi?"

Resumindo: sem se dar conta, o povo redescobre a grande verdade que transparece na Bíblia, de ponta a ponta: a Palavra de Deus não está só na Bíblia, mas também na vida. E com a ajuda da Bíblia, o povo descobre onde e como Deus **fala hoje**, por meio dos fatos.

2 O critério básico que mais influi e menos aparece: Deus-conosco

Ao ler a Bíblia, o povo tem nos olhos os problemas da realidade dura da sua vida. A Bíblia torna-se reflexo e espelho daquilo que ele mesmo vive hoje. Estabelece-se assim uma ligação em profundidade entre Bíblia e vida. A resposta mais frequente que se ouve após a leitura e a reflexão sobre o texto bíblico é esta: *É que nem hoje!*" A partir disso, os pobres fazem a grande descoberta: "Se no passado Deus esteve com aquele povo da Bíblia e escutava o seu clamor, então também hoje Deus está conosco nesta luta que nós fazemos para nos libertar, e Ele também escuta o nosso clamor!" (cf. Ex 2,23-25; 3,7-9). Assim vai nascendo, uma nova experiência de Deus na vida, um novo olhar, que se torna o critério mais determinante da leitura que o povo faz da Bíblia e que menos aparece nas suas interpretações. Pois o olhar não se enxerga a si mesmo, mas é com ele que enxergamos todas as coisas.

Essa é também a certeza central que percorre a própria Bíblia, de ponta a ponta: *Deus está conosco! Ele está no meio de nós!* Esse é o significado do nome YHWH com o qual o próprio Deus se revelou a Moisés (Ex 3,7-15). O nome YHWH, Yahweh ou Javé, aparece bem mais de 6.000 vezes só no Antigo Testamento, sem falar dos nomes que terminam em – **ia** ou – **ias**: Isa**ías**, Jerem**ias**,

Zacarias, Malaquias, Maria etc. Esses nomes exprimem o desejo dos pais de darem aos filhos um nome que os leve a lembrar sempre o nome de Deus.

O nome sagrado YHWH, Emanuel, Deus-conosco, é como um pavio ao redor do qual se juntou a cera da vida e se formou a grande vela que é a Bíblia. Estando esse pavio bem aceso, o povo, mesmo sem se dar conta, irradia para todos esta Boa-nova: "Deus está no meio de nós!" "O Senhor esteja convosco!" – "Ele está no meio de nós!"

3 Consciência nova: "Nosso livro, escrito para nós!"

Na leitura que o povo faz da Bíblia, a Bíblia já não é vista como um livro que pertence ao clero, mas como *nosso* livro, "escrito para nós que tocamos o fim dos tempos" (1Cor 10,11). A Bíblia não entra na vida como uma verdade ensinada ao povo pelas autoridades, mas como uma verdade que nasce da experiência pessoal e comunitária de Deus na vida. A Bíblia se faz presente para o povo não como um livro que impõe uma doutrina de cima para baixo, mas como uma Boa-nova que revela a presença libertadora de Deus hoje no meio de nós. Para muitos, a Bíblia chega a ser o primeiro instrumento para uma análise mais crítica da realidade que hoje vivemos. O objetivo principal da leitura que o povo faz da Bíblia não é interpretar a Bíblia, mas sim, com a ajuda da Bíblia, interpretar a vida e descobrir nela os sinais da presença de Deus.

Os que participam dos grupos bíblicos, eles mesmos se encarregam, como a samaritana, de divulgar essa *boa notícia* e de atrair outras pessoas para participar. "Venham ver um homem que me contou toda a minha vida!" (Jo 4,29). Por isso, ninguém sabe quantos grupos bíblicos existem no Brasil. Só Deus é quem o sabe! Graças a Deus!

4 Novo contexto, novo sujeito

Através de cânticos, orações e celebrações cria-se um ambiente fraterno de fé. Cria-se o que antigamente se chamava o *contexto do Espírito*. Esse contexto ajuda o povo a descobrir o sentido que o texto tem para nós hoje. A interpretação que o povo faz da Bíblia é uma atividade envolvente que compreende não só a contribuição do exegeta, mas também e sobretudo todo o processo de participação da comunidade: trabalho e estudo em grupo; leitura pessoal e comunitária; teatro e celebrações; orações e procissões; as pastorais de saúde e de solidariedade; a própria vida na comunidade e em casa. Pois o *sentido* que o povo descobre na Bíblia não é só uma ideia ou uma mensagem que se capta com a razão e se expressa por meio de raciocínios: é também e sobretudo um *sentir*, uma consolação, um conforto que é *sentido* e *vivenciado* (Rm 15,4), e que "faz arder coração" (Lc 24,32).

O *sujeito* da interpretação não é o clero nem o exegeta, mas sim a própria comunidade. Aqui está a raiz daquilo que chamamos o *sensus ecclesiae*. Aqui aparecem a riqueza da criatividade do povo e a amplidão das intuições da fé que vão nascendo. Os que participam dos grupos bíblicos sentem-se como participantes ativos, responsáveis pela caminhada da sua comunidade. Essa dimensão comunitária ou eclesial da leitura popular é um elemento constitutivo da leitura e interpretação da Bíblia. Mesmo quando a pessoa estuda ou lê sozinha a Bíblia, ela está sempre lendo o livro da sua comunidade.

5 O sentido que se procura na Bíblia

Num encontro bíblico de religiosas da América Latina, maio de 2005, os grupos trabalharam um texto de Isaías sobre o Servo de Yahweh com esta pergunta: "O que diz o texto em si e o que ele diz para nós?" A partilha no plenário foi muito rica e impressionou a todos. Foi feita a pergunta: "Se 20 anos atrás, nós, as mesmas pessoas, tivéssemos lido o mesmo texto, com as mesmas perguntas, neste mesmo lugar, será que teríamos feito a mesma interpretação que fizemos hoje?" Todos responderam categoricamente: "Não!" – "Por que?" – "Porque nós mudamos!"

Isso significa que nós, leitores e leitoras, fazemos parte da estrutura do processo da interpretação. No texto bíblico não existe um sentido totalmente objetivo, independente do leitor ou da leitora que hoje lê a Bíblia. A interpretação, por sua própria natureza, exige uma interação entre o texto e o leitor. Ela sempre terá um elemento subjetivo e seletivo.

Aqui aparece a importância da exegese científica e do estudo da *letra* da Bíblia. A exegese histórico-crítica dos textos bíblicos contribui para evitar que a interpretação se torne uma leitura superficial sem fundamento na letra, como uma "biruta" sem rumo próprio, que muda conforme o vento do momento.

3 Comparando a leitura popular com outras leituras da Bíblia

1 Com a leitura da Bíblia que transparece na própria Bíblia

2 Com as visões globais da história do Povo de Deus

3 Com a literatura sapiencial que soube valorizar o humano

4 Com o método de Jesus no caminho de Emaús

5 Com os primeiros cristãos que mantinham firme a ligação entre Antigo e Novo Testamento

6 Com a leitura que o Evangelho de João faz da passagem do Antigo para o Novo Testamento

7 Com o método dos Santos Padres na interpretação da Bíblia

8 Com os quatro degraus da *lectio divina*

9 Com a leitura feita pelo Magistério da Igreja na *Dei Verbum*

10 Com a nossa exegese científica dos últimos cem anos

1 Com a leitura da Bíblia que transparece na própria Bíblia

O texto da Bíblia não caiu pronto do céu, mas nasceu aos poucos, ao longo dos séculos, como fruto da interpretação dos fatos da história, iluminados pela fé em Deus. Cresceu como a cera ao redor do pavio da fé no Deus "presente no meio de nós". O ambiente, o lugar dessa leitura e releitura era a celebração semanal, a liturgia: os santuários, as romarias, o Templo. De fato, os textos mais antigos da Bíblia são cânticos litúrgicos: o cântico de Miriam (Ex 15,20-21), de Débora (Jz 5,2-31), de Ana (1Sm 2,1-10) e a antiga profissão de fé, conservada no Livro do Deuteronômio (Dt 26,5-9).

Se o texto bíblico nasceu e cresceu em ambiente de celebração, então essa dimensão celebrativa deve estar presente também na sua leitura e interpretação. Nesse ponto, a leitura do povo dá uma lição para todos nós, pois o povo sabe envolver a leitura da Bíblia com um ambiente fraterno e celebrativo. Lendo juntos a Bíblia, eles chegam perto da fonte de onde nasceu a própria Bíblia. Bebem da mesma água!

2 Com as visões globais da história do Povo de Deus

No Antigo e no Novo Testamento o que mais tem é *visão global* da história do Povo de Deus. Eis algumas, atribuídas às seguintes pessoas: Moisés (Nm 20,14-17; Dt 6,20-25; 26,4-10), Josué (Js 24,2-15), Jefté (Jz 11,12-28), Neemias (9,5-37), Aquior (Jt 5,5-21), Matatias (1Mc 2,49-68), Salmos (Sl 105, 106, 107), Estevão (At 7,2-53), Paulo (At 13,15-41) etc. Todas essas visões globais evocam a mesma história, os mesmos fatos, mas cada uma o faz a seu modo. Nenhuma delas é igual à outra. É que os pés estavam em outra situação, o objetivo que os levava a reler o passado era diferente, e o público alvo era outro.

Isso significa que, na Bíblia, a *visão global* da história do povo não é independente da situação das pessoas que hoje a observam e analisam. A *visão global* da história parece mais um círculo que nasce a partir das preocupações das pessoas que hoje leem a Bíblia. A partir dessas suas preocupações, elas passam em revista os fatos da história do passado, selecionam alguns fatos para que com eles possam iluminar os problemas que elas mesmas estão enfrentando. A *visão global* da história é tão global que engloba até a própria pessoa que a elabora. O passado faz parte do presente. É o chão debaixo dos pés que nos sustenta.

Hoje, o povo faz a mesma coisa. Todos nós fazemos a mesma coisa: selecionamos os fatos da história da Bíblia para que com eles possamos iluminar a situação atual do Brasil. Na época da ditadura, dava-se mais importância ao Êxodo, à libertação do Egito. Em época de acomodação e de desânimo, se dá maior atenção à prática dos profetas na época do cativeiro. A leitura que se faz do passado depende do momento vivido no presente.

3 Com a literatura sapiencial que soube valorizar o humano

Nos livros sapienciais, a Bíblia conserva a expressão da sabedoria popular: provérbios, cânticos, reflexões, críticas, reflexos da vida de cada dia. Conserva as coisas mais elementares da vida que, até hoje, todos nós fazemos e que a mãe e a avó nos ensinavam. Conservou até textos de pessoas que não eram israelitas. Conservou as "palavras de Agur, filho de Jaces, de Massa" (Eclo 30,1-14), que não era israelita. O mesmo vale para o Livro de Jó: "Era uma vez um homem chamado Jó, que vivia no país de Hus"

(Jó 1,1). A terra de Hus não era israel. Jó é apresentado como um estrangeiro. E todas as suas palavras, conservadas na Bíblia, são agora Palavra de Deus para nós!

Fica a pergunta muito séria: Como valorizar a sabedoria popular de hoje como Palavra de Deus? Uma resposta aparece nos círculos bíblicos, onde o povo, com a ajuda da Bíblia, descobre como Deus **fala hoje**, por meio dos fatos da vida. Dizia Tomás, um agricultor lá do Ceará: *"Fui notando que se a gente vai deixando a Palavra de Deus entrar dentro da gente, a gente vai se divinizando. Assim ela vai tomando conta da gente e a gente não consegue mais separar o que é de Deus e o que é da gente. Nem sabe muito bem o que é Palavra dele e palavra da gente. A Bíblia fez isso em mim"*.

4 Com o método de Jesus no caminho de Emaús

Andando com os dois discípulos até Emaús, Jesus ensina como ler e interpretar a Bíblia. O *primeiro passo*: aproximar-se das pessoas, escutar a realidade, os problemas que fazem sofrer; ser capaz de fazer perguntas que ajudem as pessoas a olhar a realidade com um olhar mais crítico (Lc 24,13-24). O *segundo passo*: com a ajuda da Bíblia, iluminar a situação e transformar a cruz, sinal de morte, em sinal de vida e de esperança. Assim, aquilo que impedia de enxergar, torna-se agora luz e força na caminhada (Lc 24,25-27). O *terceiro passo*: criar um ambiente orante de fé, de partilha e de fraternidade, onde possa atuar o Espírito Santo que abre os olhos e faz descobrir a presença de Jesus (Lc 24,28-32). O *resultado*: os dois discípulos, eles mesmos ressuscitam, experimentam a presença viva de Jesus e do seu Espírito. Eles vencem o medo, criam coragem que os leva a voltar para Jerusalém, onde continuam ativas as forças de morte que mataram Jesus e que continuam ameaçando os seguidores de Jesus (Lc 24,33-35).

O que importa notar é que, nesse encontro com Jesus, a Bíblia, ela sozinha, não abriu os olhos dos discípulos. Ela fez arder o coração, isso sim (Lc 24,32). Mas o que abriu os olhos e fez perceber a presença de Jesus foram os gestos comunitários: o convite de hospitalidade, o sentar juntos à mesa, a reza em comum e a partilha. Foi o contexto do Espírito.

Nos círculos bíblicos o povo segue os mesmos três passos de Jesus e chega ao mesmo resultado. *Primeiro passo*: sempre discute a realidade; *segundo passo*: sempre busca uma luz na Bíblia; *terceiro passo*: sempre partilha, reza, canta e busca transformar a palavra meditada em ação concreta. O *resultado* aparece à vista de todos nos encontros intereclesiais das comunidades.

5 Com os primeiros cristãos que mantinham firme a ligação entre Antigo e Novo Testamento

Entre os primeiros cristãos havia várias tendências. Uns queriam só o Antigo Testamento e interpretavam o Novo a partir do Antigo (cf. At 15,1). No Concílio de Jerusalém, Paulo, Barnabé e Pedro junto com Tiago impediram esse retrocesso (At 15,6-29). Outros queriam só a experiência do Espírito. Eles achavam que, depois de terem recebido o Espírito de Jesus no dia de Pentecostes, já não precisavam mais da história e das palavras de Jesus de Nazaré. Eles chegavam até a dizer: *"Anátema Jesus!"* (Jesus seja maldito) (1Cor 12,1-3). Mas os cristãos não permitiram que se quebrasse a unidade entre o Antigo Testamento e o Novo Testamento, entre a história do povo hebreu e a prática de Jesus de Nazaré. Eles mantiveram a unidade. Por isso, até hoje, temos na Bíblia o Antigo e o Novo Testamento. Graças a Deus!

A ligação entre Antigo e Novo Testamento é como a ligação entre fé e vida. Hoje o que mais dificulta é a separação que, no passado, cresceu entre fé e vida. Para muita gente, a vida é uma coisa, a fé é outra. Uma não tem nada a ver com a outra. Para religar essas duas realidades não basta a reflexão teórica sobre os textos da Bíblia. Algo mais profundo está em jogo. Todos nós temos o *nosso* Antigo Testamento. É a nossa história, tanto pessoal como nacional. Assim como o Antigo Testamento do povo hebreu, também o nosso Antigo Testamento, a nossa história, está orientada por Deus para desabrochar em Jesus. Na interpretação dos textos da Bíblia o que importa é ir descobrindo e revelando, aos poucos, essa dimensão da nossa vida, da nossa história.

A leitura popular consegue comunicar essa ligação entre Bíblia e vida. Ao fazer leitura da Bíblia nas suas reuniões, o povo, por assim dizer, está realizando a passagem que todos devemos fazer. Está passando do nosso Antigo Testamento para o Novo Testamento, para a vida em Jesus na comunidade.

6 Com a leitura que o Evangelho de João faz da passagem do Antigo para o Novo Testamento

O Evangelho de João é diferente dos outros evangelhos. Mateus, Marcos e Lucas tiram fotografia. João tira, ao mesmo tempo, fotografia e raio-X. A fotografia mostra os fatos. O raio-X revela na chapa aquilo que a olho nu não se vê, mas que só a fé consegue enxergar. Ou seja, João acentua a dimensão escondida da fé que existe dentro dos fatos da vida e que nos ajuda a penetrar mais profundamente no mistério da pessoa e da mensagem de Jesus.

Assim, no Evangelho de João, a Mãe de Jesus é o símbolo do Antigo Testamento que aguarda a chegada do Novo Testamento. Ela não só aguarda, mas também contribui para que o Novo possa chegar. Ela é o elo entre o que havia antes e o que virá depois. No Evangelho de João, os dois acontecimentos que falam da Mãe de Jesus são, ao mesmo tempo, *história* e *símbolo*: nas bodas de Caná (Jo 2,1-5) e ao pé da Cruz (Jo 19,25-27).

Em Caná, a Mãe de Jesus percebe e reconhece os limites do Antigo Testamento: *"Eles não têm mais vinho!"* A economia da salvação do Antigo Testamento tinha esgotado todos os seus recursos e já não era capaz de realizar o grande sonho, alimentado pelos profetas, a saber: o sonho da festa do casamento entre Deus e seu povo (cf. Os 11,21; Is 54,4-8). Sem vinho, a festa do casamento corria perigo de fracassar. A Mãe recorre a Jesus, pois era em Jesus que estava chegando a possibilidade para superar os limites da antiga aliança e realizar, finalmente, a grande promessa da união entre Deus e seu povo. É o que a Mãe de Jesus faz até hoje para todos nós.

"Ao pé da Cruz, Jesus viu sua mãe e, ao lado dela, o discípulo que ele amava. Então disse à mãe: 'Mulher, eis aí o seu filho'. Depois disse ao discípulo: 'Eis aí a sua mãe'. E dessa hora em diante, o discípulo a recebeu em sua casa" (Jo 19,26-27). Aqui também, a Mãe de Jesus representa o povo do Antigo Testamento. O discípulo amado representa o Novo Testamento, a nova comunidade que acabava de nascer e de crescer ao redor de Jesus. Agora, a pedido do próprio Jesus, o *Filho* recebe a *Mãe* em sua casa. O Novo Testamento recebe o Antigo. Por isso, até hoje, nós temos o Antigo Testamento na nossa Bíblia. Antigo e Novo, os dois devem caminhar juntos. É como fé e vida: fazem uma unidade. O Novo não se entende sem o Antigo. Seria um prédio sem fundamento, seria uma pessoa sem memória. E o Antigo sem o Novo ficaria incompleto. Seria uma árvore sem fruto. Dizendo: "Mulher eis aí teu filho!" e "Filho, eis aí tua mãe!", Jesus realizou a transição do Antigo para o Novo. Cumpriu a sua missão e podia morrer: "Tudo está realizado!" E inclinando a cabeça, entregou o espírito (cf. Jo 19,30).

Na leitura que faz da Bíblia, o povo imita a atitude da Mãe de Jesus. Motivado pelos problemas da vida (Eles não têm mais vinho), recorre a Jesus, abre a Bíblia e procura um jeito de. Com a ajuda dele, encontrar uma resposta para o problema que faz o povo sofrer.

7 Com o método dos Santos Padres na interpretação da Bíblia

A maneira como no passado os Padres da Igreja faziam exegese é diferente da nossa exegese dos séculos XX e XXI. Só temos em comum o texto bíblico e a vontade de descobrir lá dentro o que Deus nos quer dizer hoje. Quando Orígenes, um dos maiores intérpretes dos primeiros séculos, explica a travessia do Jordão e a tomada de Jericó, a gente tem a impressão de que o texto bíblico não passava de uma oportunidade para ele fazer reflexões bonitas e verdadeiras sobre a vida, sobre a Igreja, sobre a presença de Deus na vida, sobre a moral e tantos outros assuntos. No seu *Comentário dos Salmos*, Santo Agostinho, já nas primeiras palavras do Salmo começa a interpretar por associação de ideias que, aparentemente, não tem nada a ver com o texto do salmo.

Quando hoje o povo se reúne nos círculos bíblicos, ele tem um método semelhante ao método dos antigos Padres da Igreja. Interpreta o texto por associação de ideias ligadas à realidade da sua vida de hoje e não a partir do contexto histórico e literário da época da Bíblia, nem a partir das informações exegéticas. De certo modo, a visão com que o povo lê a Bíblia é uma visão antiga que hoje renasce e que faz o livro ficar novo e atual. E o resultado está aí. Funciona!

Aqui vale a pena lembrar uma afirmação de São Clemente de Alexandria (150-215). Ele dizia: "Deus salvou os judeus judaicamente; salva os gregos, gregamente; salva os bárbaros, barbaramente". Observando a leitura que o povo hoje faz da Bíblia nas suas celebrações e reuniões, podemos dizer: "E salva os brasileiros, brasileiramente". Como o povo hebreu, nós também temos o nosso

Antigo Testamento: é a nossa história, nossa "letra". Como o Antigo Testamento do povo hebreu, também o nosso Antigo Testamento, a nossa história, está orientada pelo "espírito" para desembocar na vida plena revelada por Jesus. Por isso, o que importa na interpretação da Bíblia é ir descobrindo essa orientação profunda da nossa da nossa vida e da nossa história, para desabrochar em Jesus e na vida ressuscitada da comunidade. Hoje, o povo, sem nunca ter ouvido falar de São Clemente de Alexandria, mostra como Deus está salvando os brasileiros brasileiramente. E com os mesmos critérios tenta ler e interpretar os fatos da sua vida.

8 Com os quatro degraus da lectio divina

Guigo, um monge cartuxo, descreve os quatro degraus da leitura bíblica que ele chamou de *lectio divina* (leitura divina):

> Certo dia durante o trabalho manual, quando estava refletindo sobre a atividade do espírito humano, de repente se apresentou à minha mente a escada dos quatro degraus espirituais: a leitura, a meditação, a oração, a contemplação. Essa é a escada dos monges, pela qual eles sobem da terra ao céu. É verdade, a escada tem poucos degraus, mas ela é de uma altura tão imensa e inacreditável que, enquanto a sua extremidade inferior se apoia na terra, a parte superior penetra nas nuvens e investiga os segredos do céu.

Em seguida, Guigo especifica cada um dos quatro degraus:

> A *leitura* é o estudo assíduo das Escrituras, feito com espírito atento. A *meditação* é uma diligente atividade da mente que, com a ajuda da própria razão, procura o conhecimento da verdade oculta. A *oração* é o impulso fervoroso do

coração para Deus, pedindo que afaste os males e conceda as coisas boas. A *contemplação* é uma elevação da mente sobre si mesma que, suspensa em Deus, saboreia as alegrias da doçura eterna.

Nessa descrição, Guigo sintetiza a tradição que vinha de longe e ele a transforma em manual de instrução para os jovens que se iniciavam na vida monástica. Por meio desses quatro degraus, ele procura iniciá-los num processo que os leve a atingir o que diz a Escritura: "A Palavra está muito perto de ti: na tua boca e no teu coração, para que a ponhas em prática" (Dt 30,14). Na boca, pela *leitura*; no coração, pela *meditação* e pela *oração*; na prática, pela *contemplação*.

Trata-se de quatro atitudes e não de etapas sucessivas. A atitude da *leitura* continua também durante a *meditação*. As quatro atitudes existem e atuam, juntas, durante todo o processo da *lectio divina*, embora em intensidade diferente conforme o degrau em que a pessoa ou a comunidade se encontra. Por isso, nem sempre é fácil distinguir um degrau do outro. O que alguns autores afirmam da *leitura*, outros o atribuem à *meditação*. A causa dessa falta de clareza está na natureza da *lectio divina*. Trata-se de um processo dinâmico de *leitura*, em que as várias etapas nascem uma da outra. É como a passagem da noite para o dia. Na hora do amanhecer, alguns dizem: "É noite ainda!" Outros dizem: "O dia já chegou!" Tanto faz.

O que importa é ter bem presente as características principais de cada uma destas quatro atitudes que, juntas, integram a *lectio divina*: **Leitura**: conhecer, respeitar, situar. **Meditação**: ruminar, dialogar, atualizar. **Oração**: suplicar, louvar, recitar. **Contemplação**: enxergar, saborear, agir. A contribuição da exegese científica situa-se sobretudo na faixa da **leitura** e da **meditação**.

9 Com a leitura feita pelo Magistério da Igreja na Dei Verbum

No documento conciliar *Dei Verbum*, os bispos da Igreja Católica fizeram suas as palavras da Primeira Carta de João: "Aquilo que vimos e ouvimos nós agora anunciamos a vocês!" (1Jo 1,2.3). Nesta frase, eles se referem ao que eles, os bispos, puderam "*ver e ouvir*" naqueles dias do Concílio Vaticano II. O "*nós*" que, no texto original, representa João, agora, no documento do Concílio, são os bispos. Os destinatários que, para João, eram os membros daquela pequena comunidade da Ásia Menor perto de Éfeso (na atual Turquia), agora, no texto dos bispos, são os cristãos do século XX do mundo inteiro. Os bispos usam as *mesmas* palavras, as *mesmas* letras, usadas por João; mas, na boca dos bispos, essas palavras se tornam veículo de uma experiência bem *diferente*. Mudou tudo: os destinatários, o remetente, o conteúdo, o lugar e a data. A única coisa que não mudou é a letra da Bíblia, o envelope, a embalagem.

Todos nós usamos a Bíblia assim: Jesus, Pedro, Paulo, Lutero, Francisco, Teresinha, os bispos, os pastores, os papas, as comunidades, os religiosos, as religiosas, os católicos, os protestantes, os crentes, você, eu, todos, todas! De fato, muitos de nós, quando temos uma experiência de Deus e da vida, tentamos expressá-la usando as palavras da Bíblia. Fazemos até questão de buscar palavras na Bíblia para, por meio delas, revestir e expressar o que se passa no coração e na vida da gente. Nessa maneira de usar a Bíblia transparece a incrível atualidade desse livro antigo.

A Bíblia se parece com aquelas roupas típicas, que não mudam ao longo dos séculos, mas que em cada época e lugar são usadas por pessoas diferentes. Você vê alguém andando na rua e, de acordo com o tipo de roupa, você reconhece a pessoa e a função que ela ocupa, o trabalho que realiza, ou a festa que celebra. Na rua *reconhecemos* pela roupa a noiva, o padre, a freira, o soldado, a guarda suíça, a polícia, o rabino. Da mesma maneira, vestir a roupa da Bíblia traz um *reconhecimento*. Tudo é diferente: remetente, destinatário, data, lugar e conteúdo. Só a roupa é igual. É pela roupa que nós reconhecemos a pessoa, e é pela roupa que a pessoa se identifica e se apresenta aos outros.

10 Com a nossa exegese científica dos últimos cem anos

Aparentemente, a única vez que não procedemos assim é quando fazemos exegese propriamente dita, isto é, quando com a ajuda do método histórico-crítico procuramos determinar o que o texto significava na época em que foi escrito. Digo "aparentemente", pois a realidade é outra. Dois exemplos:

1) O exemplo mais significativo e inspirador é Rudolf Bultmann, um dos maiores exegetas do século passado. A partir da sua experiência dolorosa como capelão militar durante a primeira guerra mundial (1914-1918), ele chegou a elaborar a *história das formas* (Formgeschichte) e a *desmitização* (Entmythologisierung). O contato direto com os soldados nas trincheiras terríveis daquela guerra absurda levou-o a fazer uma releitura radical das coisas da Bíblia e, por meio da ciência, conseguiu devolver à Bíblia a sua atualidade e novidade. Há muitos outros exemplos. Por maior que seja o rigor científico, ninguém pode dispensar os próprios olhos e a própria experiência na análise que faz dos textos bíblicos. Não existe uma formulação inalterável, totalmente objetiva, da verdade, que atravessaria os séculos, imune às mudanças. Esta parece ser uma função importante da exegese científica: fazer com que isso se torne consciente em nós para evitar que a falta de consciência crítica faça do exegeta uma vítima ingênua da ideologia dominante.

2) Outro exemplo. Num encontro bíblico de religiosas da América Latina, maio de 2005, os grupos trabalharam um texto

de Isaías sobre o Servo de Javé com esta pergunta: "O que diz o texto em si e o que ele diz para nós?" Fizeram um estudo aprofundado consultando livros de exegese. A partilha da interpretação foi muito rica e impressionou a todos. Foi feita a pergunta: "Se vinte anos atrás, nós, as *mesmas* pessoas, tivéssemos lido o *mesmo* texto, com as *mesmas* perguntas, neste *mesmo* lugar, será que teríamos feito a *mesma* interpretação que fizemos hoje?" Todos responderam categoricamente: "**Não!**" – "Por que?" – "**Porque nós mudamos!**" Isso significa que nós, leitores e leitoras, fazemos parte do processo da interpretação. No texto bíblico não existe um sentido totalmente objetivo, independente do leitor ou da leitora que hoje lê a Bíblia. A interpretação, por sua própria natureza, exige uma interação entre texto e leitor.

Será que temos consciência de que nossa interpretação sempre tem e necessariamente deve ter um elemento subjetivo e seletivo? É aqui que transparece a importância da exegese científica que, investigando o sentido da letra, evita que a interpretação se torne uma "biruta" que gira ao sabor do rumo do vento que sopra no momento. A exegese histórico-crítica condena a leitura desnorteada e superficial que não leva em conta o contexto histórico nem de hoje nem de ontem?

Concluindo

1 Familiaridade
2 Liberdade
3 Fidelidade

O horizonte antigo da leitura da Bíblia continua novo e atual na leitura que o povo faz da Bíblia, e pode ser descrito com estas três palavras: familiaridade, liberdade, fidelidade.

1 Familiaridade

Sentimos a Bíblia como algo que é nossa, da nossa *família*. Ela expressa o que somos e vivemos. Expressa a nossa identidade, da qual não abrimos mão e que queremos aprofundar cada vez mais. Por isso, fazemos questão de revestir nossas experiências com palavras da Bíblia. Usando as palavras de Bíblia como embalagem para verbalizar nossos pensamentos, intuições e experiências, estamos dizendo que nossa experiência está situada no grande rio da Tradição que vem desde os tempos da Bíblia e dos Padres da Igreja. Ele expressa o desejo de beber do mesmo poço em que beberam as pessoas do tempo da Bíblia, e de sentir-nos animados pelo mesmo Espírito que animava o Povo de Deus naquele tempo. Sentimo-nos em casa dentro da Bíblia. É nosso livro! E por ser *nosso* livro, podemos usá-lo com liberdade. É o livro de cabeceira que nos dá identidade. Como diz São Paulo: "Foi escrito para nós que tocamos o fim dos tempos" (Rm 15,4). Dizia Tomás, um agricultor: "Fui notando que se a gente vai deixando a Palavra de Deus entrar dentro da gente, a gente vai se divinizando. Assim ela vai tomando conta da gente e a gente não consegue mais separar o que é de Deus e o que é da gente. Nem sabe muito bem o que é Palavra dele e palavra da gente. A Bíblia fez isso em mim" (Por trás da Palavra 46(1988)28). Esse jeito de Tomás usar a Bíblia na vida faz lembrar Maria, a mãe de Jesus. Para fazer o seu salmo ela fez como Tomás: expressou a sua própria experiência de Deus e da vida com palavras da Bíblia. O salmo dela, o Magnificat, é uma bonita colcha de retalhos, quase todos tirados do Livro dos Salmos. A Bíblia de Jerusalém anota 19 evocações ou citações do Antigo Testamento no cântico de Maria.

2 Liberdade

Usamos a Bíblia para expressar experiências nossas do século XXI. Hoje cresceu a sensibilidade da consciência humana. Já não se aceita a violência que aparece legitimada em nome de Deus em muitas páginas do Antigo Testamento. Quando na Bíblia encontramos afirmações que já não combinam com a sensibilidade humana de hoje, tomamos a liberdade de pular o texto ou de explicá-lo simbolicamente. Por exemplo, o Breviário omite o Salmo 109(108) que só fala em vingança. Jesus, Paulo e os primeiros cristãos tinham a mesma liberdade quando citavam o Antigo Testamento: "Antigamente foi dito, mas eu digo...!" Em nome da Bíblia, os doutores condenavam Jesus. Jesus, usando a mesma Bíblia, rebate a acusação e, de certo modo, coloca-se a si mesmo como novo critério da interpretação quando diz: "O Filho do Homem é dono do sábado!" É como dissesse: "A Bíblia fala de mim!" Aqueles doutores do tempo de Jesus com a sua pretensa fidelidade à letra da Bíblia não conseguiram enquadrar a liberdade de Espírito que atuava em Jesus e lhe dava uma chave nova para captar o sentido profundo da letra e um critério novo para condenar o fundamentalismo estreito dos doutores. Jesus tomava essa liberdade não para reduzir a mensagem ao tamanho do seu próprio pensamento, mas sim para ser fiel à intenção mais profunda da mensagem. "Não vim para acabar com a Lei, mas para levá-la ao seu pleno cumprimento!" A liberdade de Jesus era expressão da sua fidelidade à Escritura.

3 Fidelidade

Se a consciência nova da humanidade nos leva a contestar certas passagens da Bíblia e a explicá-las de outra maneira, não o fazemos para adaptar a Bíblia ao nosso modo de pensar, mas sim para poder ser fiel à intenção mais profunda da Bíblia e da vida e para preservar bem limpa a fonte de onde tudo nasceu e continua nascendo, que é Deus. Acontece também o contrário. Quando o estudo exegético mostra que minha interpretação forçou o sentido da letra, então a fidelidade me obriga a mudar e a ser fiel à letra. A letra é como a fundação sobre a qual se ergue a casa. Mas morar, a gente mora na casa, e não nas fundações. Por outro lado, quando a fidelidade à letra ameaça abafar a liberdade do Espírito, a reação vem imediata e diz: "A letra mata, é só o Espírito que pode dar vida à letra!" Isso significa que, no fundo, o critério básico ou a fonte de tudo não é a Bíblia nem o estudo da Bíblia, mas sim a experiência que hoje temos de Deus e da vida, não eu sozinho, mas o **eu** dentro do **nós** da comunidade e dentro da humanidade, e em comunhão com ela, recebendo dela a minha identidade e sensibilidade. O critério básico está nessa interação do texto do passado conosco que hoje lemos o texto. De certo modo, continuamos a escrever a Bíblia. O importante é o diálogo, a partilha, a escuta sem dogmatismo, tanto entre nós hoje como com o nosso passado e com a letra. Na hora em que alguém ou um grupo impõe aos outros a sua maneira de ver as coisas, exigindo obediência em nome de Deus, sem escutar o conjunto, sem escutar a letra e sem escutar o Espírito que hoje sopra e sem levar em conta a experiência de hoje, ele se isola, por mais que pense ser a cabeça ou o coração. A história comprova.

Devemos ir aprofundando os três rumos: *familiaridade, liberdade* e *fidelidade*, não como três caminhos diferentes ou paralelos, mas como três galhos que nascem da mesma raiz. Não de uma raiz teórica, mas da raiz da experiência de Deus e da vida. Dos três caminhos, o mais importante é a familiaridade. Penso que nos falta a familiaridade, sentir-se em casa na casa da Bíblia, como Tomás e Maria, como Jesus e Paulo, ou como dizia Dona Ângela de Aratuba, Ceará, depois de um cursinho de Bíblia: "Nem precisou sair do Ceará para entender a Bíblia! Ela acontece é aqui mesmo!" A familiaridade impede que a Bíblia, o passado, se torne um museu; impede que o fundamentalismo, seja carismático ou libertador, se aproprie da fidelidade e mate em nós a liberdade. É a familiaridade que gera a verdadeira liberdade dos filhos e filhas na casa do Pai e faz da Bíblia um livro novo.

A Bíblia parece o álbum de fotografias que retrata a história do povo. As fotografias não mudam, mas o povo fotografado vai mudando, até hoje. Na interpretação das fotografias da nossa infância, isto é, dos textos antigos, o que importa não é a fotografia em si, mas sim o povo fotografado que hoje está olhando a sua foto de antigamente em busca da sua memória, da sua identidade e da sua missão. E está produzindo muito resultado. Tudo isso que vimos até agora, revela a atualidade da Bíblia. Mostra que está renascendo *uma antiga visão que faz da Bíblia um livro novo.*

6
Dez características da leitura fiel da Bíblia

1 Crer que a Bíblia é Palavra de Deus (DV 11)

2 É Palavra de Deus em linguagem humana (DV 12)

3 Deus se revela a si mesmo na sua Palavra (DV 20)

4 Jesus é a chave principal da Sagrada Escritura (DV 2.4.16)

5 Aceitar a lista completa dos livros (DV 16)

6 A Bíblia é livro da Igreja (DV 21)

7 Levar em conta os critérios da fé (DV 12)

8 Levar em conta os critérios da realidade (Paulo VI)

9 Leitura orante da Bíblia (DV 25)

10 Toda a interpretação a serviço da evangelização (João Paulo II)

A fidelidade à Igreja, à Tradição e ao Magistério é tão importante para a interpretação da Bíblia quanto a raiz para a árvore. Sem ela, a árvore morre. Mas a raiz deve ficar debaixo do chão. Ela não aparece, nem pode aparecer. Apresentamos aqui dez normas hermenêuticas que, ao longo dos séculos, animaram e orientaram a leitura da Bíblia na Igreja. Elas são como que um resumo dos critérios que devem orientar a leitura e a interpretação da Bíblia. Essas normas foram tiradas, em grande parte, do documento conciliar *Dei Verbum* (DV)[4] e das encíclicas papais sobre a leitura da Bíblia na Igreja.

---

4 *Dei Verbum*. Petrópolis: Vozes, 1966 [Documentos Pontifícios, 154].

1 Crer que a Bíblia é Palavra de Deus (DV 11)

A fé de que a Bíblia é Palavra de Deus é o que mais caracteriza a leitura cristã da Bíblia. É por ser Palavra de Deus que a Bíblia tem aquela autoridade. A Palavra de Deus, porém, não está só na Bíblia. Deus também fala pela vida, pela natureza, pela história (*DV* 3). A leitura da Palavra escrita da Bíblia ajuda a descobrir a Palavra viva de Deus na vida.

Existe uma ligação entre criação e salvação, pois ambas são fruto da Palavra de Deus. O Deus que cria (cf. Jo 1,3) e conserva todas as coisas pelo Verbo oferece aos homens nas coisas criadas um perene testemunho de si mesmo (cf. Rm 1,19-20) (*DV* 3). Deus escreveu dois livros. O primeiro livro é a criação, a natureza, a vida. O segundo livro é a Bíblia, inspirada por Deus para nos *"devolver o olhar da contemplação"*, para que possamos ler e interpretar melhor o livro da vida e da natureza.

Por ser Palavra de Deus, a Bíblia, quando "lida e interpretada naquele mesmo Espírito em que foi escrita" (*DV* 12), comunica a luz e a força desse mesmo Espírito aos que a leem com fé. Por isso, a Palavra de Deus tem força para realizar o que transmite (*DV* 21).

2 É Palavra de Deus em linguagem humana (DV 12)

A linguagem usada por Deus para comunicar-se conosco na Bíblia é em tudo igual à nossa linguagem humana, menos no erro e na mentira. Por isso ela deve ser interpretada com a ajuda dos mesmos critérios que se usam para interpretar a linguagem humana: crítica textual, crítica literária, pesquisa histórica, etnologia, arqueologia etc. (*DV* 12; *Divino Afflante Spiritu* 20). Do contrário, caímos no erro do fundamentalismo que tanto mal faz, pois desliga a Bíblia do contexto da realidade humana daquela época, isola o leitor e a leitora da comunidade e da tradição e separa vida e fé.

O fundamentalismo foi condenado no documento da Pontifícia Comissão Bíblica[5].

Sob a pressão dos problemas que questionam a fé surgem sempre novos métodos de análise dos textos bíblicos. O Papa João Paulo II, no seu discurso à Pontifícia Comissão Bíblica (1989), reconheceu a legitimidade do uso desses métodos. Ele disse: "A grande variedade dos métodos pode, por vezes, dar a impressão de uma certa confusão. Mas também tem a vantagem de nos fazer perceber a inesgotável riqueza da Palavra de Deus"[6]. A própria Pontifícia Comissão Bíblica no seu mais recente documento analisa e avalia esses vários métodos[7]. Ao mesmo tempo, é bom ter consciência clara dos limites de cada método.

3 Deus se revela a si mesmo na sua Palavra (DV 20)

O povo cristão procura e encontra na Bíblia "o conhecimento de Deus e do homem e o jeito pelo qual o justo e misericordioso Deus trata com os homens" (*DV* 15). A leitura orante faz com que o modo de pensar de Deus, aos poucos, se torne o nosso modo de pensar. Por isso mesmo, ela ajuda a descobrir e quebrar em nós as falsas ideologias, e contribui para que aprendamos a olhar a vida com os olhos de Deus.

Antes de ser um catálogo de verdades, a Bíblia é a revelação da graça e da misericórdia de Deus (*DV* 2). Ele nos amou primeiro! Para os pobres e oprimidos, essa revelação significa, desde sempre, que Deus

---

5 PONTIFÍCIA COMISSÃO BÍBLICA. *A interpretação da Bíblia na Igreja*. Petrópolis: Vozes, 1994 [Documentos Pontifícios, 260].

6 JOÃO PAULO II. "Alocução aos membros da Pontifícia Comissão Bíblica – Sobre os métodos usados na interpretação da Bíblia" (07/04/1989). In: *L'Osservatore Romano*, 08/04/1989 [tradução do texto oficial francês].

7 PONTIFÍCIA COMISSÃO BÍBLICA. *A interpretação da Bíblia na Igreja*. Petrópolis: Vozes, 1994, p. 29-65 [Documentos Pontifícios, 260].

se inclina para escutar o seu clamor e estar com eles na sua aflição, para caminhar com eles e libertá-los do cativeiro (Ex 3,7-8; Sl 91,14s.).

O objetivo primeiro da Bíblia é ajudar-nos a descobrir na vida a presença amiga de Deus e experimentar o seu amor libertador. Esse é o cerne de toda a revelação expresso no nome YHWH, Deus-Conosco. A leitura da Bíblia funciona como um colírio que vai limpando os olhos. Como diz Santo Agostinho, ela devolve o olhar da contemplação que nos foi roubado pelo pecado[8].

Essa revelação e experiência de Deus são fruto, ao mesmo tempo, da graça de Deus e do esforço humano. De um lado, a revelação que Deus faz de si mesmo provoca nossa colaboração e participação e exige observância da Aliança. De outro lado, ela "nos faz participar dos bens divinos que superam inteiramente a capacidade da mente humana" (*DV* 6). Eficiência e gratuidade, luta e festa, natureza e graça, ambos se misturam na caminhada conflituosa em direção a Deus. Esse olhar libertador, nascido de Deus, liberta e abre o sentido da Bíblia.

4 Jesus é a chave principal da Sagrada Escritura (DV 2.4.16)

Para nós cristãos, Jesus é o centro, a plenitude e o objetivo da revelação que Deus vinha fazendo de si desde o Antigo Testamento (*DV* 2.3.4.15.16.17). "Os livros do Antigo Testamento adquirem e manifestam sua plena significação no Novo Testamento e, por sua vez, o iluminam e explicam" (*DV* 16). Sem o Antigo Testamento não se entende o Novo, e sem o Novo não se entende o Antigo.

A experiência viva de Jesus na comunidade é a luz nova nos nossos olhos para poder entender todo o sentido do Antigo Testamento (*DV* 16). Cristo está como que do nosso lado, olhando conosco para o Antigo Testamento, clareando-o com a luz da sua presença. Dizia Santo Agostinho: "*Novum in Vetere latet, Vetus in*

---

8 Cf. nota 2, acima.

Novo patet", o que significa "O Novo está escondido no Antigo, o Antigo desabrocha no Novo".

Tudo isso tem uma atualidade muito grande. Não se trata só de descobrir como os primeiros cristãos souberam encontrar as figuras de Jesus no Antigo Testamento (*DV* 15). Trata-se sobretudo de fazer hoje o que eles fizeram, a saber: descobrir como o nosso "antigo testamento", isto é, a nossa história pessoal e comunitária, está sendo empurrada pelo Espírito de Deus para a vida plena em Cristo. A conversão para Jesus tira o véu dos olhos e faz entender o sentido da Bíblia e da vida (2Cor 3,16).

De um lado, a Bíblia ajuda a entender e a aprofundar aquilo que estamos vivendo em Cristo. De outro lado, nossa vida e nossa prática nos ajudam a entender melhor o sentido cristológico da Escritura. Antigamente, esse sentido era chamado de "sentido espiritual". Isto é, o *Espírito* nos ajuda a descobrir o sentido que o texto antigo tem para nós hoje. Também era chamado "sentido simbólico", pois unia (*sim-ballo*) a vida e a Bíblia.

5 Aceitar a lista completa dos livros (DV 16)

Existem duas listas de livros inspirados: a lista *judaica*, que compreende o que nós chamamos o Antigo Testamento, e a lista *cristã*, que compreende os livros do Antigo e Novo Testamento. Aceitar a lista completa é aceitar a unidade dos dois Testamentos e admitir que uma e mesma economia divina une os dois Testamentos num único projeto de salvação e de libertação, projeto que só se revela plenamente na medida em que o *Antigo* passa a ser *Novo*.

A *passagem* do Antigo para o Novo começou no momento da ressurreição de Jesus e ainda não terminou. A cada momento novos povos, novas pessoas e novos setores da nossa vida pessoal e comunitária vão entrando no "Caminho" (At 9,2; 18,25.26). Essa *passagem* [páscoa] envolve tudo e todos, pois tudo foi criado por

Deus para Cristo (Cl 1,16). Assim, cada pessoa, cada grupo, cada comunidade, povo ou nação tem o *seu* Antigo Testamento, tem a *sua* história de salvação e deve fazer a *sua* passagem do Antigo para o Novo, isto é, deve aprofundar a sua vida até descobrir lá na raiz, a presença amiga e gratuita de Deus, empurrando tudo para a plena vida em Jesus.

A Bíblia, com seus dois Testamentos é norma, é *cânon*, dado por Deus, para ajudar-nos no discernimento e na realização dessa nossa *páscoa* de salvação e de libertação. *"Renovar"* é fazer com que também hoje nas nossas vidas o *Antigo* se torne *Novo*.

6 A Bíblia é livro da Igreja (DV 21)

Quando nos reunimos em grupo ao redor da Palavra de Deus, formamos um pequeno santuário ou sacrário, tão santo quanto o sacrário que conserva o Corpo de Cristo. Na Igreja, assim dizia o Papa João XXIII, existem o *Livro e o Cálice,* o santuário da Palavra de Deus e o santuário do Corpo de Deus (*DV* 21). Os inúmeros pequenos santuários da Palavra de Deus, as pequenas comunidades, que, assim, se espalham pelo mundo, sobretudo entre os pobres, são as pontas finas e frágeis da raiz que dão força e vigor à árvore da Igreja. Esses pequenos santuários em torno da Palavra de Deus são o lugar, onde a Igreja nasce como a água que sai da sua fonte.

A Bíblia não é, em primeiro lugar, um livro de piedade individual, nem uma cartilha de transformação social, mas é o livro de fé da comunidade, livro de cabeceira. A Palavra de Deus gera a comunidade. Interpretar a Palavra de Deus não é a atividade individual do exegeta que estudou um pouco mais do que os outros, mas é e deve ser uma atividade comunitária em que todos participam, cada um a seu modo com os seus dons, inclusive o exegeta.

Desse modo, surge e cresce o sentido comum, aceito e partilhado por todos. É o *sensus ecclesiae*, o *sensus fidelium*, o "sentido de fé da Igreja", com o qual todos se comprometem como se fosse com o próprio Deus. Esse "sentido de fé da Igreja", quando partilhado por todos nos Concílios Ecumênicos e expresso pelo Magistério, cria o quadro de referência dentro do qual se deve ler e interpretar a Bíblia.

7 Levar em conta os critérios da fé (DV 12)

Não basta a razão para poder captar todo o sentido que a Bíblia tem para a nossa vida. É necessário levar em conta também os critérios da fé e ler a Bíblia "naquele mesmo Espírito em que foi escrito" (*DV* 12). Os critérios da fé são três: "Atender com diligência ao conteúdo e à *unidade* de toda a escritura, levando em conta a *Tradição* viva da Igreja toda e a *analogia da fé*" (*DV* 12). Ou seja, a interpretação cristã da Bíblia deve levar em conta: (1) a "unidade de toda a Escritura", isto é, a *visão global* da Bíblia; (2) a "tradição viva da Igreja", isto é, a longa tradição de séculos, dentro da qual a Bíblia foi gerada e transmitida; (3) a "analogia da fé", isto é, a vida da Igreja dentro da qual e em função da qual a Bíblia é lida e interpretada. Os três têm o mesmo objetivo: descobrir o sentido pleno da Escritura, impedir que o seu uso seja manipulado, e evitar que o texto seja isolado do contexto histórico e da tradição eclesial que o geraram e transmitiram. Vejamos cada um dos três:

1) *A unidade de toda a Escritura* – A Bíblia é um conjunto, onde cada livro e cada frase têm o seu lugar e a sua função para nos revelar o Projeto de Deus. As suas várias partes são como tijolos numa grande parede: juntos formam o desenho do Projeto de Deus. Esse critério da *unidade da Escritura* proíbe isolar textos, arrancá-los de seu contexto e repeti-los como verdades isoladas e absolutas. Um tijolo só não faz a parede. Um traço só não faz

o desenho do rosto. A Bíblia não é um caminhão de tijolos, mas uma casa onde se pode morar.

2) *A Tradição viva da Igreja* – A Tradição envolve a Bíblia antes, durante e depois. Antes de ser escrita, a Bíblia era narrada. Foi sendo escrita dentro de um processo de transmissão das histórias e tradições do povo. No fim, uma vez escrita, continuou e continua sendo transmitida de geração em geração, até hoje. Ou seja, o texto bíblico não caiu pronto do céu, mas nasceu de dentro e em função de uma situação concreta do Povo de Deus. Como tal deve ser lida e vivida.

3) *Levar em conta a analogia da fé* – O texto deve ser lido não só dentro do conjunto da Bíblia, nem só dentro do conjunto da Tradição, mas também dentro do conjunto da vida atual da fé da comunidade. Deve obedecer não só às exigências de fé de ontem, mas também às exigências de fé de hoje. A fidelidade à Palavra exige que ela se torne contemporânea dos homens de hoje[9]. Isto é, deve levar em conta as dificuldades que o homem moderno tem para crer.

8 Levar em conta os critérios da realidade (Paulo VI)

Os critérios da realidade situam-se em dois níveis: a realidade da época em que foi escrita a Bíblia, e a realidade do povo que hoje lê a Bíblia. Ambas têm as suas exigências a serem levadas em conta na interpretação.

1) *A realidade do tempo em que foi escrita* – "O intérprete deve transpor-se com o pensamento àqueles tempos antigos do Oriente" (Pio XII)[10]. Com a ajuda das ciências, ele estabelece o sentido-em-si do texto e o prepara para que o leitor possa descobrir nele o sentido *espiritual* que lá existe para nós. Ou seja, ele estabelece

---

9 PAULO VI. "Alocução aos professores de Sagrada Escritura". Op. cit., p. 12.

10 PIO XII. *Divino Afflante Spiritu*. Petrópolis: Vozes, 1964, n. 20, p. 22 [Documentos Pontifícios, 27].

"uma certa conaturalidade entre os interesses atuais e o assunto do texto, para que se possa estar disposto a ouvi-lo" (Paulo VI)[11].

2) *A realidade do povo que hoje lê a Bíblia* – A Bíblia nasceu da preocupação do povo de reencontrar, na realidade conflituosa de cada época, os sinais da presença e dos apelos de Deus. O próprio Jesus explicou a Bíblia partindo da realidade e dos problemas dos dois discípulos de Emaús: "De que vocês estão falando?" (Lc 24,17). Não basta o intérprete expor o sentido histórico do texto. Ele deve expô-lo também "em relação do homem contemporâneo"[12]. Isso significa levar em conta a realidade que hoje nos envolve e ter uma visão crítica desta realidade, para não ser vítima ingênua da ideologia dominante.

Assim, usando esse duplo critério da realidade, descobrimos o **chão comum humano** que une o Povo de Deus de hoje e o Povo de Deus da Bíblia numa mesma situação diante de Deus, e cria assim a abertura para se perceber o alcance do texto para a nossa realidade.

9 Leitura orante da Bíblia (DV 25)

"A Sagrada Escritura deve ser lida naquele mesmo Espírito em que foi escrita" (*DV* 12). Pois a descoberta do sentido não depende só da força da inteligência, mas também da ação do Espírito que só se consegue pela oração (Lc 11,13). Por isso, a leitura da Bíblia "deve ser acompanhada pela oração, a fim de que se estabeleça um colóquio entre Deus e o ser humano pois com Ele falamos quando rezamos; ouvimo-lo quando lemos os divinos oráculos" (*DV* 25). O recente documento da Pontifícia Comissão Bíblica

---

11 PAULO VI. "Alocução aos professores de Sagrada Escritura". Op. cit., p. 11.

12 PAULO VI. "Alocução aos membros da Pontifícia Comissão Bíblica – Sobre a importância dos estudos bíblicos" (14/03/1974). In: *Como ler e entender a Bíblia Hoje*. Petrópolis: Vozes, 1982, p. 15 [Textos oficiais da Igreja].

sobre a Interpretação da Bíblia na Igreja dá uma atenção muito grande à leitura orante da mesma[13].

Nesse ponto, a leitura do povo das Comunidades Eclesiais de Base nos dá uma lição. Ele envolve a leitura pela oração e pelo canto e cria, assim, um ambiente comunitário de fé, onde o Espírito pode atuar, agir livremente e revelar o sentido que o texto antigo tem para nós hoje.

Isso significa que se deve criar um ambiente de silêncio, de escuta e de partilha e, ao mesmo tempo, ter uma preocupação constante em aprofundar a vida do povo com seus problemas e permitir que as alegrias e tristezas do povo estejam em nossa mente e no nosso coração.

10 Toda a interpretação a serviço da evangelização (João Paulo II)

A interpretação da Bíblia não tem finalidade em si mesma, mas está a serviço da vida e da missão da Igreja. A missão principal é a evangelização, o anúncio da Boa-nova de Deus (Mc 1,14). "Na Igreja, todos os métodos de interpretação devem estar, direta ou indiretamente, a serviço da evangelização"[14].

Para que isso possa acontecer, são necessárias duas coisas: (1) Durante todo o tempo da leitura da Bíblia ter presente a realidade do povo a ser evangelizado. (2) Para que a comunidade seja realmente evangelizadora, ela deve permitir que a Palavra a transforme em amostra viva do Evangelho que anuncia. Toda a nossa vida deve ser alimentada e permeada pela Palavra de Deus a ponto de "iluminar a mente, fortalecer a vontade e inflamar o coração" (*DV* 23).

---

13 PONTIFÍCIA COMISSÃO BÍBLICA. *A interpretação da Bíblia na Igreja*. Op. cit., p. 112-113.

14 JOÃO PAULO II. "Alocução aos membros da Pontifícia Comissão Bíblica". Op. cit.

7
Dez conselhos finais

1 "Faça-se em mim segundo a tua palavra!"
2 Pedir o Espírito Santo: "Pedi e recebereis!"
3 Criar um ambiente de recolhimento e de escuta
4 Receber a Bíblia como o livro da Igreja e da Tradição
5 Ter uma correta atitude diante da Bíblia
6 Colocar-se sob o julgamento da Palavra de Deus
7 Procurar por todos os meios que a interpretação seja fiel
8 Imitar o exemplo de São Paulo
9 Descobrir na Bíblia o espelho do que vivemos hoje
10 Seguir os três passos do método usado por Jesus na estrada de Emaús

Jesus passava noites em oração meditando a Escritura. Ele podia dizer: "O Senhor me concedeu o dom de falar como seu discípulo, para eu saber levar uma palavra de conforto a quem está desanimado. Cada manhã Ele me desperta, sim, desperta o meu ouvido, para que eu o escute como um discípulo" (Is 50,4). Esse é o sentido e o objetivo da leitura orante diária da Bíblia.

1 "Faça-se em mim segundo a tua palavra!"

Ao iniciar a leitura orante, a gente vai ler a Bíblia não para ter experiências extraordinárias, mas sim para escutar o que Deus nos

179

tem a dizer, para conhecer a sua vontade e viver melhor o Evangelho de Jesus Cristo. Em mim devem estar a pobreza e a disposição que o velho Eli recomendou a Samuel: "Diga a Deus: 'Fala, Senhor, que teu servo escuta!'" (1Sm 3,10). Deve estar a mesma atitude obediente de Maria: "Faça-se em mim segundo a tua Palavra" (Lc 1,38).

2 Pedir o Espírito Santo: "Pedi e recebereis!"

O ponto de partida da leitura orante deve ser a humildade. Para poder escutar a Palavra de Deus é necessário que a gente se prepare, vigiando em oração, pedindo que ele mande o seu Espírito. Pois, sem a ajuda do Espírito de Deus, não é possível descobrir o sentido que a Palavra de Deus tem para nós hoje. (cf. Jo 14,26; 16,13). E o dom do Espírito não se compra em supermercado. Só se alcança por meio da oração (Lc 11,13).

3 Criar um ambiente de recolhimento e de escuta

Ler a Bíblia é como frequentar um amigo. Os dois exigem o máximo de atenção e respeito, de entrega e escuta atenta. Para isso devo aprender a cultivar o silêncio dentro de mim, durante todo o tempo da leitura orante. Além disso, é bom lembrar que uma boa e digna posição do corpo favorece o recolhimento da mente.

4 Receber a Bíblia como o livro da Igreja e da Tradição

Abrindo a Bíblia, devo estar bem consciente de que estou abrindo o livro da comunidade, da Igreja. Fazendo a leitura orante, estou entrando no rio da Tradição que atravessa os séculos. Mesmo lendo sozinho, não estou só, mas estou unido aos milhões de irmãos e irmãs das várias comunidades e Igrejas que, antes de nós, procuravam "meditar dia e noite na Lei do Senhor" (Sl 1,3). São muitos! Mesmo aqueles e aquelas que não sabem ler o texto escrito, mas sabem ler o texto da vida no rosto dos irmãos e das irmãs.

5 Ter uma correta atitude diante da Bíblia

Fazer a leitura orante é como subir uma escada de quatro degraus que nos leva até Deus: *leitura, meditação* e *oração*, que culminam no quarto degrau que é a *contemplação*:

1) *Leitura* – Antes de tudo, devo ter a preocupação de saber: *O que o texto diz em si?* Isso exige silêncio. Em mim, tudo deve silenciar, para que nada me impeça de escutar o que o texto me tem a dizer, e para que não aconteça que eu leve o texto a dizer só aquilo que eu gostaria de ouvir.

2) *Meditação* – Devo ter a preocupação de perguntar: *O que o texto diz para mim, para nós?* Neste segundo passo, entro em diálogo com o texto, para que o sentido penetre minha vida. Como a Mãe de Jesus, rumino o que escutei (Lc 2,19.51) e assim descubro: "a Palavra de Deus está muito perto de ti: está na tua boca e no teu coração, para que a ponhas em prática" (Dt 30,14).

3) *Oração* – Além disso, devo estar sempre preocupado em descobrir: *O que o texto me faz dizer a Deus?* É a hora da prece, o momento de vigiar em oração. Até agora, Deus falou para mim; chegou a hora de eu responder a ele.

4) *Contemplação* – Contemplação é saborear, desde já, algo do amor de Deus que supera todas as coisas; é começar a ver a vida com os olhos dos pobres, com os olhos de Deus; é assumir a minha pobreza e eliminar do meu modo de pensar tudo aquilo que vem dos poderosos; é tomar consciência de que muita coisa da qual eu pensava que fosse fidelidade a Deus, na realidade nada mais era do que fidelidade aos meus próprios interesses; é mostrar com a vida que o amor de Deus se revela no amor ao próximo; é dizer sempre "faça-se em mim segundo a tua palavra" (Lc 1,38).

6 Colocar-se sob o julgamento da Palavra de Deus

A leitura orante é o momento forte do confronto entre a vontade de Deus e as próprias aspirações. Meditar a Palavra de Deus é fazer o que fazia o filho pródigo quando estava longe da casa do Pai: cair em si e confrontar-se com a vida na Casa do Pai, com a Palavra de Deus; resolver mudar de ideia e de vida, por mais doloroso que seja; erguer-se e decidir voltar para o Pai, para os irmãos e as irmãs (Lc 15,18-20).

7 Procurar por todos os meios que a interpretação seja fiel

Para que a leitura orante não fique entregue às conclusões dos próprios sentimentos e pensamentos, mas tenha uma firmeza maior, é importante levar em conta três exigências fundamentais:

Primeira exigência: confrontar com a fé da comunidade, da Igreja.

Confronte sempre o resultado da sua leitura com a comunidade a que você pertence, com a fé da Igreja viva. Do contrário, pode acontecer que o seu esforço não leve a lugar nenhum (Gl 2,2). Pois é lá, na pequena comunidade eclesial, alimentada e sustentada pela Palavra de Deus, que nasce a fé da Igreja; da pequena fonte nasce o grande rio que irriga a terra.

Segunda exigência: confrontar com a realidade.

Confronte sempre aquilo que você lê na Bíblia com a realidade que vivemos hoje. Quando a leitura orante não alcança seu objetivo, a causa nem sempre é falta de oração, falta de atenção à fé da Igreja ou falta de estudo crítico do texto. Muitas vezes, é simplesmente falta de atenção à realidade nua e crua que vivemos. Dizia São João Cassiano do século V: "Quem vive na superficialidade, não atinge a fonte dos Salmos".

Terceira exigência: confrontar-se com o resultado da exegese. Confronte sempre as conclusões de sua leitura com os resultados da exegese que investiga o sentido da Letra. A leitura orante deve procurar o sentido do Espírito (2Cor 3,6). Porém, querer estabelecer o sentido do Espírito sem fundamentá-lo na Letra é o mesmo que construir um castelo no ar, no dizer de Santo Agostinho. É cair no engano do fundamentalismo.

8 Imitar o exemplo de São Paulo

O Apóstolo Paulo foi um bom intérprete da Sagrada Escritura. Ele procurava ter nos olhos a fé em Jesus Cristo; pois, assim ele diz, é só pela conversão a Jesus que o véu cai e que a Escritura revela o seu sentido (2Cor 3,16) e nos comunica a sabedoria que leva à salvação (2Tm 3,15). Paulo falava de Jesus crucificado (2Cor 2,2), escândalo para uns e loucura para outros, mas para nós expressão da sabedoria de Deus (1Cor 1,23-24). Foi a fé em Jesus que lhe abriu os olhos para perceber a Palavra viva de Deus no meio dos pobres da periferia de Corinto, onde a loucura e o escândalo da cruz estavam confundindo os sábios e os poderosos deste mundo (1Cor 1,21-31). Paulo libertou-se da prisão da letra que mata, e descobriu o sentido que o Espírito de Jesus comunica (2Cor 3,6). Ele interpretava a Bíblia a partir dos problemas do povo das comunidades por ele fundadas (1Cor 10,1-13) e dizia que a própria comunidade era "uma carta de Cristo" (2Cor 3,3). Paulo se considerava destinatário da Bíblia: "Tudo foi escrito para nossa instrução, para nós que vivemos neste final dos tempos" (1Cor 10,11; Rm 15,4).

9 Descobrir na Bíblia o espelho do que vivemos hoje

Ao fazer a leitura orante, devo ter bem presente que o texto da Bíblia não é só uma janela por onde eu olho para saber o que aconteceu com os outros no passado; é também um espelho, um "símbolo" (Hb 11,19), onde eu olho para saber o que está acontecendo comigo hoje (1Cor 10,6-10). A leitura orante é como a chuva que vai fecundando o terreno (Is 55,10-11). Entrando em diálogo com Deus e meditando a sua Palavra, sou como a árvore plantada à beira dos córregos (Sl 1,3). Não vejo o crescimento, mas percebo o resultado no encontro renovado comigo mesmo, com Deus e com os outros.

10 Seguir os três passos do método usado por Jesus na estrada de Emaús

O **primeiro passo**: aproximar-se das pessoas, escutar sua realidade e seus problemas; ser capaz de fazer perguntas que ajudem a olhar a realidade com um olhar mais crítico (Lc 24,13-24).

O **segundo passo**: com a luz da Palavra de Deus iluminar a situação que os fazia sofrer e fugir de Jerusalém para Emaús. Usando a Bíblia, Jesus fez fazer arder o coração dos dois discípulos (Lc 24,25-27).

O **terceiro passo**: criar um ambiente orante de fé e de fraternidade, onde possa atuar o Espírito que abre os olhos, faz descobrir a presença de Jesus e transforma a cruz, sinal de morte, em sinal de vida e de esperança. Assim, aquilo que antes gerava desânimo e cegueira, torna-se agora luz e força na caminhada (Lc 24,28-32).

O **resultado**: criar coragem e voltar para Jerusalém, onde continuam ativas as forças de morte que mataram Jesus, e experimentar a presença viva de Jesus e do seu Espírito na experiência de ressurreição (Lc 24,33-35).

O **objetivo último** da leitura orante não é interpretar a Bíblia, mas sim interpretar a vida com a ajuda da Bíblia. Não é conhecer o conteúdo do Livro Sagrado; mas, ajudado pela Palavra escrita, descobrir, assumir e celebrar a Palavra viva que Deus fala hoje na nossa vida, na vida do povo, na realidade do mundo em que vivemos (Sl 95,7); é crescer na fé e experimentar, cada vez mais, que *Ele está no meio de nós!*

Epílogo

Prece de um peregrino

Senhor Deus, andei pela vida à tua procura. Perguntei pelo teu nome e pelo teu endereço. Quero saber o lugar onde moras. Quero te encontrar e conversar contigo. Mas me deram tantos nomes e tantos endereços teus, que fiquei perdido. Meu Deus, onde moras?

Uns me indicavam os grandes templos e igrejas. Eles diziam: "O nome dele é Deus Supremo!" Fui lá, mas não te encontrei. Só encontrei pedras bonitas e pessoas satisfeitas que diziam saber tudo a teu respeito. Não consegui acreditar nelas, por mais que eu quisesse. Meu coração me dizia: "Deus não é assim!" Pois eles só queriam ensinar coisas e colocar suas ideias na minha cabeça, como se eu fosse ignorante de tudo. No meio deles não encontrei a justiça nem o amor.

Outros me indicavam os grupos rebeldes que vivem na sombra. Eles diziam: "O nome dele é Deus Vingador e Justiceiro!" Fui lá, mas fiquei na dúvida. Encontrei gente boa, mas não encontrei a humildade. Eles também só queriam ensinar coisas e colocar as suas ideias na minha cabeça, como se eu fosse ignorante de tudo! Não encontrei neles a liberdade de que eles tanto falam.

Continuei andando à procura da tua morada, da tua presença. Cansado e suado de tanto andar, parei na casa de um pobre. Ele estava sentado na calçada em frente ao seu barraco. Aproveitava da brisa do fim do dia. Perguntei a ele pelo teu endereço e pelo teu nome. E ele me disse: "Meu amigo, perdoa a minha ignorância. Eu me chamo Severino. Não sei informar nada. Mas entre aqui e descanse um pouco. Você tem o aspecto de quem anda cansado. Enquanto estiver comigo, esta casa é sua!" Entrei e estou lá até hoje, meu Deus!

Não sei se tu moras na casa de Severino. Ele me diz que não te conhece. Mas junto dele encontrei a paz e a humildade, a partilha e o perdão, a solidariedade e a luta pela justiça, encontrei a plena liberdade. Responde à minha pergunta. Deus: "É na casa desse pobre que te escondes?"

Só pode ser! Pois ele não se apresenta como professor, e já me ensinou tanto! Ele não tem nada, e me deu tudo de que eu precisava! Ele se diz ignorante, mas sabe muito mais do que eu! Ele é fraco e sem forças, mas até hoje ninguém conseguiu derrotá-lo na sua luta pela justiça! Vive cheio de sofrimento, mas nunca encontrei tanta alegria! Vive lutando, e só comunica a paz!

Se essa não for a tua morada, Senhor, eu já não sei mais onde procurar. Aqui encontro e recebo o que eu procurava. E aqui eu fico com gratidão, até que me indiques um endereço melhor. Só espero que, um dia, me reveles o teu nome. Amém!

LEIA TAMBÉM:

Dicionário de Teologia Fundamental

Esse *Dicionário* tem por base o binômio revelação-fé. Em torno deste eixo giram os 223 verbetes que o compõem. A estrutura do *Dicionário* foi pensada de modo a propor, a quem o desejar, um estudo sistemático de todos os temas da Teologia Fundamental: os princípios básicos e suas implicações.

Em sua concepção inicial, essa obra procurou definir, antes de tudo, as grandes linhas do *Dicionário* e, em seguida, determinar os verbetes a serem tratados, levando em conta uma série de critérios.

Mesmo tendo sido composto há algumas décadas, permanece muitíssimo atual, justamente pela forma abrangente utilizada em sua organização. Sendo um dicionário, não contém tratados teológicos sistemáticos, mas cada temática é apresentada com uma grande abrangência. Além disso, ao final de cada verbete há indicações bibliográficas para aprofundamento.

LEIA TAMBÉM:

Coleção
Iniciação à Teologia

A coleção *Iniciação à Teologia*, em sua nova reformulação, conta com volumes que tratam das Escrituras, da Teologia Sistemática, Teologia Histórica e Teologia Prática. Os volumes que estavam presentes na primeira edição serão reeditados; alguns com reformulações trazidas por seus autores e novos títulos serão publicados à medida que forem finalizados.

O objetivo é oferecer manuais às disciplinas teológicas, escritos por autores nacionais. Essa parceria da Editora Vozes com os teólogos brasileiros é expressão dos novos tempos da teologia, que busca trazer o espírito primaveril para o ambiente de produção teológica, e, consequentemente, oferecer um material de qualidade para que estudantes de teologia, bem como teólogos e teólogas, busquem aporte para seu trabalho cotidiano.

LEIA TAMBÉM:

Roteiro de leitura da Bíblia

Frei Fernando Ventura

Esse livro não é mais um trabalho bíblico científico, mas sim uma proposta de percorrer o Antigo e Novo Testamento à luz de textos-chave contextualizados nas épocas históricas em que os autores dos 73 livros que compõem a Bíblia os escreveram.

A Bíblia, mais do que um livro, mais do que um "código" ou um conjunto de normas, é uma "vida". Uma vida feita de tudo isso de que a vida é feita: sonhos e ilusões, alegrias e esperanças, lágrimas e sorrisos, encontros e desencontros, luzes e sombras, mais todo o resto que a nossa imaginação e experiência pessoal forem capazes de encontrar.

Tratada durante muitos séculos quase como o "livro proibido", vivemos ainda hoje o tempo de "pagar a fatura" desse divórcio que nos afastou das nossas origens, pelo menos durante os últimos quatro séculos e que abriu a porta para todo o tipo de comportamentos desencarnados e desenraizados de uma vivência adulta e esclarecida da fé, porque, também durante muitíssimos anos, nos habituamos a beber nos "riachos", com medo de nos afogarmos na fonte. Não vai muito longe o tempo em que a Bíblia parecia ser o "livro proibido aos católicos".

A Bíblia, que é a história de um povo e da sua relação com Deus, contém elementos que universalizam, fazendo de cada homem um potencial destinatário, como o percurso de leitura aqui apresentado o demonstra, "apenas" exigindo de quem lê um grande espírito de liberdade e abertura para poder sentir em toda a sua amplitude o convite que lhe é feito para descobrir a sua própria relação com Deus no aqui e agora da vida. O *Roteiro de leitura da Bíblia* destina-se a crentes e não crentes e tem uma força própria que de algum modo desafia o leitor a questionar-se em muitos sentidos.

Frei Fernando Ventura nasceu em Matosinhos, Portugal. É licenciado em Teologia pela Universidade Católica Portuguesa e licenciado em Ciências Bíblicas pelo Pontifício Instituto Bíblico de Roma, tendo sido professor da Sagrada Escritura no Instituto Superior de Ciências Religiosas de Aveiro. No âmbito do movimento de difusão bíblica promoveu encontros de formação nos cinco continentes e colabora como tradutor e intérprete para vários organismos internacionais, entre os quais a Ordem dos Capuchinhos, a Comissão Teológica Internacional no Vaticano, o Conselho Internacional da Ordem Franciscana Secular, a Federação Bíblica Mundial e ainda algumas ONG. Tem publicado vários artigos de temática bíblica em Portugal e no estrangeiro, e é autor do primeiro estudo sobre Maria no islamismo bem como de um estudo exegético sobre o capítulo 21 do Apocalipse.

CULTURAL

Administração
Antropologia
Biografias
Comunicação
Dinâmicas e Jogos
Ecologia e Meio Ambiente
Educação e Pedagogia
Filosofia
História
Letras e Literatura
Obras de referência
Política
Psicologia
Saúde e Nutrição
Serviço Social e Trabalho
Sociologia

CATEQUÉTICO PASTORAL

Catequese
Geral
Crisma
Primeira Eucaristia

Pastoral
Geral
Sacramental
Familiar
Social
Ensino Religioso Escolar

TEOLÓGICO ESPIRITUAL

Biografias
Devocionários
Espiritualidade e Mística
Espiritualidade Mariana
Franciscanismo
Autoconhecimento
Liturgia
Obras de referência
Sagrada Escritura e Livros Apócrifos

Teologia
Bíblica
Histórica
Prática
Sistemática

REVISTAS

Concilium
Estudos Bíblicos
Grande Sinal
REB (Revista Eclesiástica Brasileira)

VOZES NOBILIS

Uma linha editorial especial, com importantes autores, alto valor agregado e qualidade superior.

VOZES DE BOLSO

Obras clássicas de Ciências Humanas em formato de bolso.

PRODUTOS SAZONAIS

Folhinha do Sagrado Coração de Jesus
Calendário de mesa do Sagrado Coração de Jesus
Agenda do Sagrado Coração de Jesus
Almanaque Santo Antônio
Agendinha
Diário Vozes
Meditações para o dia a dia
Encontro diário com Deus
Guia Litúrgico

CADASTRE-SE
www.vozes.com.br

EDITORA VOZES LTDA.
Rua Frei Luís, 100 – Centro – Cep 25689-900 – Petrópolis, RJ
Tel.: (24) 2233-9000 – Fax: (24) 2231-4676 – E-mail: vendas@vozes.com.br

UNIDADES NO BRASIL: Belo Horizonte, MG – Brasília, DF – Campinas, SP – Cuiabá, MT
Curitiba, PR – Fortaleza, CE – Goiânia, GO – Juiz de Fora, MG
Manaus, AM – Petrópolis, RJ – Porto Alegre, RS – Recife, PE – Rio de Janeiro, RJ
Salvador, BA – São Paulo, SP